Gustavo Caetano

PENSE
simples

Você só precisa dar o primeiro passo
para ter um negócio ágil e inovador

Diretora
Rosely Boschini

Gerente Editorial
Rosângela Barbosa

Assistente Editorial
Natália Mori Marques

Controle de Produção
Karina Groschitz

Preparação
Carla Fortino

Projeto Gráfico e Diagramação
Vanessa Lima

Capa
Breno Miranda

Editoração da Capa
Ronaldo Alves

Revisão
Vero Verbo Serviços Editoriais

Impressão
Rettec

Copyright © 2017 by Gustavo Caetano
Todos os direitos desta edição
são reservados à Editora Gente.
Rua Natingui, 379 – Vila Madalena
São Paulo, SP – CEP 05443-000
Telefone: (11) 3670-2500
Site: http://www.editoragente.com.br
E-mail: gente@editoragente.com.br

Dados Internacionais de Catálogo na Publicação (CIP)
Andreia de Almeida CRB-8/7889

Caetano, Gustavo
     Pense simples: você só precisa dar o primeiro passo para ter um negócio ágil e inovador / Gustavo Caetano. – São Paulo : Editora Gente, 2017.
     184 p.

ISBN 978-85-452-0145-8

1. Negócios 2. Negócios – Inovações tecnológicas 3. Sucesso nos negócios I. Título

17-0083   CDD 650.1

Índices para catálogo sistemático:
1. Negócios : Inovações tecnológicas 650.1

"A preocupação dos investidores em relação à ameaça das novas tecnologias é exagerada."

Relatório para investidores da Blockbuster em 1999

agradecimentos

Esse livro é dedicado em especial à minha esposa, a meus filhos, meus pais, meu irmão, minha querida avó e minhas lindas cunhadas: vocês me dão força para seguir sempre adiante.

Também não poderia deixar de agradecer por todos os ensinamentos aos amigos Claudio Luiz, Marco Túlio Kehdi, Rodrigo Paolucci, Marcelo Miranda, Diego Gomes, Matheus Goyas, André Fonseca, Viviane Senna, Ofli Guimarães, Israel Salmen, Cyro Diehl, João Doria Júnior, Flávio Augusto, Rony Meisler, Luigi Baricelli, Paula Bellizia, Luiz Alexandre Garcia, Luiza Helena, Ricardo Amorim, André Barrence, Rodrigo Moreira, Breno Miranda (autor da capa), Breno Barros, Marco Stefanini, Marcela Rezende, Leandro Faria, Victor Salles, Renato Badaró, Patrícia Meirelles, Rafael Consentino, Braulio Lalau, Rafael "Truman" Pereira, Guilherme Tomé, Flávio Pripas, Rodrigo Cartacho, Pedro Martini, Alexandre Ziviani, Lucas Nogueira, Mário Almeida, Mariana Caetano, Alexandre Barcellos, Eduardo Polcaro, Edu Lyra, Lindália Junqueira, Tallis Gomes, Leonardo Rocha e Silva, Paula Girão, Daniel Costa, Iglá Generoso, Bruno Pinheiro, André Pallis, Eric Santos, Pedro Sorren, Fabrício Bloisi, Rodrigo Galindo,

Angelica Maricato, Renata Abravanel, Nelson Carpinelli, José Roberto Maciel, Diego Felice, Roberto Oliveira, Amure Pinho, Guilherme Junqueira, Leonardo Carulla, Angelo Marzulo, Adriana Freire, Gabriel Azevedo, Fernando Schmitt, Marcos Hespanhol, Kadu Araújo, Luiz Gustavo Amorim, Daniel Lourenço, Rafael Rez, Lúcio Duarte, Flávio Duarte, Ronaldo Lemos, Márcia Naves, Márcio Figueira, Carmela Borst e André Diamand.

Aos meus companheiros de trabalho Pedro "Feliz" Filizzola, Everton Alves, Lídio Ramalho, Rafael Piantino, Fernando Pacheco, Bruno Motta, Guilherme Valgas, Rachel Paranhos, Lilian Oliveira, Matheus Cardoso, Pollyanna Xavier, Michael Filippo, Ramon Souza, Rafael Carvalho, Rafael Meneses, Isabela Lima, Leonardo Maldonado, Thiago Miranda, Felipe Maia, Diego Duarte e a todos os colaboradores que fazem a Samba Tech incrível. E aos sócios Almir Gentil, João Caetano, Manoel Lemos, André Emrich, José Augusto Schincariol, Henrique Mascarenhas, Marcos Rosset, Márcio Paulino, Ivan de Moura Campos, que sempre acreditaram no meu sonho e investiram nele, o meu muito obrigado!

prefácio

Tumtum, tumtum, tumtum

por Rony Meisler

Eu sou fã do Gustavo e vou começar este prefácio explicando por quê...

Sou fã do Gustavo porque todos os projetos nos quais descubro que esse mineirinho boa-praça está envolvido fazem com que eu me sinta "uma anta", por jamais ter pensado em fazer aquilo.

Sou fã do Gustavo porque ele tem uma gigantesca capacidade de perceber o inconsciente coletivo e de assim criar o futuro. Ele entende os problemas das pessoas antes delas próprias.

Sou fã do Gustavo porque ele é um dos empreendedores mais generosos que conheço. O bom empreendedor sabe que ideia guardada é ideia velha e, por isso, ele as compartilha em toneladas em suas palestras por todo o país.

Sou fã do Gustavo porque, muito mais do que apegado ao negócio, ele é apegado ao propósito, ou ao "terreno", como ele conta no livro. E para quem foca o propósito, todo limão acaba virando limonada.

Enfim, "rasgadas as sedas", eu vou falar um tantinho do meu negócio, para que juntos entendamos por que cargas d'água o Gustavo me chamou para escrever este prefácio (ok, confesso, também para fazer um *merchan* no livro dele...).

PENSE simples

Você já ouviu falar da Reserva?

Apesar de a Reserva ser uma marca de moda masculina, é mais provável que você conheça a marca se for um empreendedor do que se você for um estilista.

Recém-formado em Engenharia de Produção e trabalhando na Accenture, onze anos atrás eu resolvi fazer uma bermuda de surfe com um amigo de infância e um ano depois me descobri apaixonado pela possibilidade de me comunicar com as pessoas por meio de roupas, desfiles, campanhas, vitrines, mídias sociais, blogs e matérias em jornais.

Não enxergo a Reserva como uma empresa de moda, e sim como uma enorme mesa de bar, cheia de amigos e boa bebida onde não faltam ótimas ideias e histórias para trocar. Por isso, nossas coleções transmitem muito mais essência do que tendência. Não curtimos o monólogo chato de um "estilista semideus" a respeito de qual modelagem ou cor as pessoas deveriam usar. Preferimos usar as roupas como mídia para temas sobre os quais precisamos conversar: preconceito, família, fome etc.

A missão da Reserva é simples: "Ser um amigo gente fina". Amigo dialoga, recebe bem em casa (escritório, lojas, funcionários, clientes e fornecedores) e chega junto quando necessário (por meio do Reserva-1p5p para cada peça de roupa vendida na Reserva nós doamos 5 pratos de comida para quem tem fome no país. Doamos mais de 10 milhões de refeições por ano, o que é suficiente para alimentar 9 mil pessoas com 3 refeições diárias).

Em apenas dez anos a Reserva se tornou uma grande marca e foi eleita, pela FastCompany, uma das mais inovadoras do mundo, não porque investimos enlouquecidamente em marketing; nosso investimento

gustavo caetano

em marketing é menor do que 1% do nosso faturamento bruto, contra os 4,5% médios de nossos colegas de mercado. Nós prosperamos porque desde muito cedo soubemos como e para quem deveríamos contar nossas histórias.

E é justamente por isso que acredito que a marca atrai a atenção de tantos empreendedores, e é também nesse ponto que o meu destino e o do Gustavo se cruzam.

Na Reserva somos hoje mais de 1500 pessoas. Um exército apaixonado pelo que a marca representa. As marcas costumam gastar fortunas para comunicar para fora seus valores e suas ideias, mas se esquecem de comunicar para dentro. Não existe ferramenta de marketing mais poderosa do que o boca a boca e não existe divulgador(a) de marca mais poderoso(a) do que aquele(a) que todos os dias sai de casa para construí-la com amor e dedicação.

Um bom exemplo: nosso último evento trimestral de vendas aconteceu no Maracanã, teve mais de 10 mil posts feitos pela nossa galera em suas mídias sociais e por meio deles atingimos mais de 2 milhões de pessoas pelas mensagens pessoais e altamente emocionais. Costumo dizer que nós nunca compraremos o espaço publicitário do arquivo confidencial do Faustão porque preferimos fazer os arquivos confidenciais da vida do nosso pessoal e botar no telão do Maracanã para que assistam com suas famílias. Já dizia Leo Burnett: "O que ajuda as pessoas também ajuda os negócios".

Focamos o exercício de comunicação para nosso pessoal primeiro porque essa é a nossa vocação e, segundo, porque temos certeza de que elas levarão a nossa mensagem para o mundo de uma maneira muito

PENSE simples

mais pessoal e verdadeira do que uma folha impressa de jornal ou revista. Qualidade em vez de quantidade.

Enfim, acredito que é para empresas que pensam como a nossa que a SambaTech existe. O Gustavo se antecipou na percepção de que todos nós seríamos mídias e entregou uma solução para todos aqueles que pretendessem amplificar, metrificar e monetizar suas mensagens para o mundo.

Quando o Gustavo me convidou para escrever este prefácio, eu parei para pensar sobre como nos conhecemos... E sabe no que eu me liguei? Apesar do enorme carinho e da admiração que sinto por ele, nós não nos conhecemos pessoalmente. Isso seria louco se não fosse este novo e conectado mundo, imaginado precocemente pelo Gustavo, no qual nos reconhecemos na vontade de viver pelo propósito muito mais do que pelas coisas.

O fato é que a Reserva é muito parecida com a SambaTech ou com qualquer outra empresa que seja liderada por um(a) empreendedor(a). Não porque vendemos produtos ou serviços semelhantes, mas porque certamente nesses lugares o ritmo é o do coração. TUMTUM, TUMTUM, TUMTUM!

E o seu? Bateu mais forte? Boa leitura!

Rony Meisler

Sorridente (Porque odeio o termo "presidente")
e contador da história da Reserva

sumário

13 **INTRODUÇÃO**
inovação e simplicidade

19 **CAPÍTULO 1**
nada dura para sempre

33 **CAPÍTULO 2**
dna inovador

51 **CAPÍTULO 3**
uai not?

71 **CAPÍTULO 4**
a lógica da simplicidade

85 **CAPÍTULO 5**
peça ajuda

101 **CAPÍTULO 6**
entre mapa e terreno,
escolha – sempre –
o terreno

117 **CAPÍTULO 7**
não perca as
pessoas de vista

137 **CAPÍTULO 8**
seja ágil e leve

157 **CAPÍTULO 9**
o sucesso
começa pequeno

173 **CAPÍTULO 10**
não acredite no
"sempre foi assim"

introdução

inovação e simplicidade

Se precisássemos escolher somente uma palavra para definir o atual mundo dos negócios, uma das grandes candidatas seria "inovação". E não é à toa. Estamos em um momento em que as verdades mudam rapidamente, os hábitos se transformam da noite para o dia e as tecnologias se tornam obsoletas em poucos anos. É por isso que milhares de empresários – e de empreendedores do futuro – sonham em fazer apenas uma coisa: inovar.

A inovação é, hoje, um dos aspectos mais importantes para um negócio de sucesso, mas é claro que você já sabe disso. O que deve angustiá-lo são algumas perguntas aparentemente simples, mas cheias de complexidades: como eu começo a inovar? Como descobrir no que devo apostar? Como saber que rumo tomar para tocar a vida das pessoas e transformar o mercado em que eu quero atuar?

Eu mesmo já me fiz essas perguntas muitas vezes. São elas que conseguem guiar um inovador – que é, por natureza, um ser movido não a respostas, mas a questionamentos. O que eu aprendi no decorrer da minha trajetória como empreendedor inovador, e isso é o que eu quero compartilhar com você ao longo das próximas páginas, é que tudo está em constante

PENSE simples

mudança: os problemas mudam, as lógicas mudam, as pessoas mudam. E isso é ótimo! É por conta dessa velocidade rápida em que o mundo gira que há espaço para inovar e criar coisas novas, seja um produto, um serviço; seja dentro de uma empresa, seja um negócio. A inovação está no nosso dia a dia, mais próxima do que você imagina e muito mais simples do que parece. É isso que você vai entender ao longo deste livro para que, na última página, perceba que pode ser também um inovador, que a sua ideia pode, sim, sair do papel e transformar o que está ao redor – e, claro, modificar positivamente a sua vida.

Quero lhe mostrar qual foi a minha estratégia para, além de inovar, transformar a empresa que eu criei em 2009, a Samba Tech, em uma das start-ups mais vitoriosas do Brasil. Nesta nossa jornada juntos, você vai conseguir se livrar de uma angústia que acomete, em algum momento, dez em cada dez empreendedores: a sensação de que, embora tenha muita paixão pela sua ideia ou pelo seu negócio, você não consegue fazer com que aquilo floresça e decole. Quer dizer, você não consegue ler bem o mapa do terreno para compreender que caminho deve seguir e, por mais que tente, parece que uma venda cega você e não o deixa escolher a rota certa rumo ao sucesso. Todo mundo passa por isso, e a minha missão é ajudar você a enxergar com clareza – quem tem essa visão se destaca. Sabe por quê? Simplesmente porque ter a noção exata do terreno que você precisa percorrer ajuda a perceber, antes dos outros, quais são as mudanças que estão por vir e quais são os ajustes de rota necessários para continuar no caminho certo rumo ao seu objetivo.

Agora, seja sincero. Aposto que você está se perguntando: quem é esse Gustavo que quer me ensinar tanta coisa? Você vai me conhecer melhor, mas quero me apresentar. Sou mineiro, tenho 34 anos e acho que a vontade de empreender, inovar e fazer diferente está no meu sangue. Isso era uma coisa que sempre esteve comigo, desde a minha época de estudante. Sempre me perguntei, no bom mineirês, "uai not?". Isso porque eu não conseguia ver um problema, que já começava a quebrar a cabeça para encontrar uma solução para resolvê-lo. Não conseguia sentir o cheiro de uma mudança, de uma novidade, sem pensar em como aplicá-la na minha vida — pessoal ou profissional, tanto fazia. Acho que foi isso que acabou me levando a trabalhar com empreendedorismo e tecnologia. Foi tudo culpa do "uai not?".

> empreender e inovar é mais simples do que você pensa

Em 2008, fundei a Samba Tech, uma empresa que começou como uma distribuidora de jogos para celular e se tornou — por causa da inovação, porque não dá para ficar parado no tempo — a maior plataforma de hospedagem de vídeos da América Latina. Foi um salto e tanto. A coisa deu tão certo que eu e a minha empresa conquistamos prêmios que eu nunca tinha imaginado que fariam parte da minha história. Aqui no Brasil, eu fui eleito uma das 50 mentes mais inovadoras do país pela revista *ProXXima*, do Meio & Mensagem; a *GQ* me elegeu um dos 15 brasileiros mais influentes da internet; e, por duas vezes, ganhei o prêmio de Empreendedor do Ano, uma pela revista *Pequenas Empresas & Grandes Negócios* e outra pelo site norte-americano The Next Web. No exterior, a Samba integrou três vezes a lista das 100 empresas mais inovadoras do mundo; entrou no radar da revista norte-americana *Forbes* como uma

PENSE simples

das 10 start-ups para se observar na América Latina; foi eleita pela revista *Fast Company* como uma das 10 mais inovadoras da América Latina; e o Massachusetts Institute of Technology (MIT), uma das mais prestigiosas universidades de tecnologia do mundo, elegeu-me uma das mentes mais inovadoras do Brasil.

Não pense que estou listando tudo isso para me achar "o Cara", "o bonzão". Nada disso. O que quero mostrar é que existe algo em minha trajetória e em minhas ideias que deu muito certo. E quero compartilhar isso com você, quero mostrar que: enxergar a inovação, falhar, perceber as mudanças, mudar o seu mundo é mais simples do que você imagina.

A palavra do momento não é apenas inovação. A palavra do momento é, também, simplicidade. É isso que vou mostrar nos próximos capítulos. Unidas, inovação e simplicidade resultam em uma nova palavra: sucesso. Algo que vai ficar cada vez mais próximo a você. Algo que o mundo espera de todos nós: a capacidade de inovar e trazer a nossa porção de colaboração para melhorá-lo. Empreender, e inovar, é mais simples do que você pensa.

1

nada
dura para
sempre

Muitas vezes tudo de que você precisa é um grande fracasso. Quando as pessoas me perguntam como é que um cara como eu, que veio de Araguari, ou *Rerigueri* (em inglês), uma linda cidade de mais ou menos 117 mil habitantes do Triângulo Mineiro, conseguiu ser chamado de "o Mark Zuckerberg brasileiro" pela revista *Business Insider*, uma das primeiras respostas que vêm à minha cabeça é a seguinte: "Eu cheguei até aqui por causa de um fracasso importante na história da minha família". Sim, para mim, o sucesso está atrelado a falhas – e ao entendimento de que nada dura para sempre: nem o fracasso, nem o sucesso. Vou explicar por quê, e você vai ver que eu não estou maluco.

A minha família é de portugueses. Meu bisavô, com a vontade de empreender e de encontrar um meio de viver por aqui, fundou uma fábrica de cortiças, mais ou menos em 1925, na garagem de casa, ao lado do seu sogro. Estava surgindo, então, a Fábrica de Isolamento de Cortiça, e os fundadores fabricavam rolhas para vinhos e, também, isolamento térmico para câmaras frigoríficas. A cortiça era importada e vinha da Espanha e de Portugal para o Brasil. Isso mudou alguns anos mais tarde porque houve uma proibição da importação de cortiça, mas nada que abalasse os negócios.

PENSE simples

Meu avô descobriu que existia uma árvore do Cerrado brasileiro, apelidada de "Gordinha", cuja casca era muito parecida com a cortiça europeia e perfeita para a produção do material para o isolamento térmico, que era o braço mais forte da fábrica.

As coisas iam muito bem. Quando a Segunda Guerra Mundial terminou, em 1945, a fábrica era uma potência e ocupava dois quarteirões do bairro Alto da Lapa, na zona oeste de São Paulo. O centro administrativo ficava na avenida Ipiranga, no centro da cidade, um endereço muito nobre naquela época. Ali, trabalhavam engenheiros, projetistas e vendedores. Além disso, existiam três galpões para armazenar a "Gordinha" localizados em São Paulo, Minas Gerais e Goiás.

Na época, a indústria era uma das mais prósperas do ramo no Brasil, chegava a exportar materiais para o exterior, porque qualquer fábrica ou negócio que precisasse de uma câmara frigorífica usava cortiça para que o isolamento térmico fosse possível – e, naquele momento, os frigoríficos estavam em expansão no Brasil. Tudo parecia perfeito. A fábrica estava lá, firme e forte, parecia imbatível.

O problema é que o mundo estava mudando, e minha família não se deu conta disso. Um dia, apareceu um material novo, um produto meio esquisito que esfarelava ao toque, de tão frágil que parecia. Era o isopor, que estava surgindo no Brasil como uma nova solução para isolamento térmico. No entanto, ninguém se preocupou porque acreditavam que o isopor era algo de baixa qualidade e que, por isso, nunca ocuparia o lugar da cortiça. O raciocínio era que ninguém trocaria algo tão antigo, tão conhecido, por algo novo – que, ainda por cima, parecia tão frágil! Mas o meu avô estava errado. Totalmente errado. O isopor, além de ser tão eficiente quanto a cortiça, era mais

gustavo caetano

leve para transportar e mais barato para comprar. As empresas norte-americanas e inglesas continuaram preferindo a cortiça por um tempo, mas as dificuldades de exportação prejudicavam os negócios.

Nessa época, meu avô já estava à frente dos negócios e, para tentar salvar a fábrica, tomou uma decisão importante: vender o imóvel da fábrica, em São Paulo, e a casa da minha família. Com o dinheiro que levantou com a comercialização dos imóveis, ele ergueu uma nova fábrica, dessa vez em Araguari (MG), uma cidade próxima ao estado de Goiás, o que facilitaria a logística e diminuiria os custos com transporte. O negócio, porém, nunca se recuperou totalmente. E, em 1980, aconteceu uma tragédia: um incêndio destruiu toda a fábrica. Araguari não possuía Corpo de Bombeiros, e a brigada teve que vir de Uberlândia; mas, quando chegou, não tinha mais nada para salvar. O pior é que a fábrica não tinha seguro. Aí, a única solução foi fechar.

Essa história eu ouvia da minha avó desde criança – ela adorava contar, e eu e meus irmãos adorávamos escutar. E isso, a questão do fracasso, ficou na minha cabeça desde sempre. Contudo, não era simplesmente o fracasso em si, um remédio amargo que todo mundo experimenta algumas vezes na vida. Eram mais as questões do imponderável, da transformação, das mudanças que, se não estivermos atentos, muitas vezes chegam sem a gente nem perceber, de uma hora para outra. Isso me fez ser alguém bastante paranoico com o pensamento do que está por vir, de como será o futuro. E eu quero compartilhar essa minha paranoia – que tem se mostrado muito positiva para os negócios – com vocês. É muito por meio dessa preocupação com as mudanças que estou conseguindo fazer com que a Samba cresça. Se você conseguir também desenvolver esse olhar para a frente, certamente poderá se diferenciar no mundo do empreendedorismo e transformar o seu

PENSE simples

> adaptação às mudanças é uma das chaves para o sucesso

negócio em algo sustentável. Ao longo do livro, eu vou mostrar como criei esse olhar e como transformei inúmeras vezes o meu empreendimento. Não é uma questão de adivinhar o futuro, de ter uma bola de cristal. Também não é um talento de poucos sortudos. É só uma questão de treinar o olhar e de entender um pouco como o mundo está funcionando hoje — e qualquer um pode aprender a ter essa habilidade, é só praticar. Por isso, quero conversar com você sobre a velocidade dos ciclos de mudança.

ciclos mais curtos e velozes

A história da fábrica do meu avô se repete em inúmeros negócios até hoje. Mas existe uma grande diferença. Naquela época, os ciclos de mudança eram muito mais longos e lentos. A televisão, por exemplo, teve sua primeira transmissão em 1928 e só chegou ao Brasil em 1950, ano da fundação da TV Tupi, a primeira emissora brasileira. Por aqui, o eletrodoméstico levou anos até estar presente na maioria das casas do país e começar a transformar o modo como as pessoas se divertiam e se informavam. Isso porque a TV era um item de luxo, o que dificultava o acesso de grande parte da população. Até a tecnologia se baratear, passou um tempo. E estou falando sobre a TV em preto e branco. A televisão colorida chegou aqui só em 1963, quando foi feita uma transmissão experimental da nova tecnologia. E foi apenas em 1970 que as casas começaram a ter televisões coloridas e os aparelhos começaram a ser vendidos em larga escala. Ou seja, passaram-se mais de quarenta anos entre a invenção da televisão e sua popularização no Brasil – um ciclo um tanto longo.

Agora, pense no seu celular. Se o seu aparelho tem dois anos, já está obsoleto – e você sabe disso. O primeiro iPhone, por exemplo, foi lançado em 2007 e tinha poucas funcionalidades se comparado à atual geração de smartphones. Talvez você não se lembre, mas o primeiro iPhone não tinha tecnologia que permitisse que os aplicativos funcionassem como os atuais – os apps tinham de rodar em uma página de internet, eram os "web-apps". Steve Jobs, o mítico criador da Apple, percebeu, porém, que isso não daria tão certo e começou a desenvolver o futuro. Em 2008, no ano seguinte, o iPhone já tinha conexão 3G, possibilidade de rodar aplicativos desenvolvidos por outras empresas, um local para compra desses aplicativos – a Apple Store – e um sistema operacional que seria fundamental para o desenvolvimento do iPhone, o OS, que em 2010 se transformaria no conhecido iOS. No ano seguinte, mais um salto de transformação: as câmeras começaram a melhorar e o sistema operacional ficou mais veloz e parrudo. De lá para cá, muita coisa mudou de ano a ano. Em 2010, o design evoluiu e ficou mais parecido com o dos iPhones atuais. Em 2011, Steve Jobs e sua equipe inventaram a Siri – assistente virtual que conversa com as pessoas – que inspirou o roteiro do filme Ela, do diretor Spike Jonze, estrelado por Joaquin Phoenix. Em 2012, as telas cresceram e, por conta disso, a visibilidade de vídeos e imagens melhorou. Em 2013, a Apple lançou o acesso para o iPhone via biometria, deixando o aparelho ainda mais seguro. Em 2014, as telas ficaram maiores e o sistema operacional ainda mais inovador e com tempo mais longo de duração de bateria. E, em 2016, o aparelho tornou-se impermeável e mais

PENSE simples

resistente à poeira. Se você comparar o primeiro iPhone ao smartphone atual, vai ver quão diferentes eles são. E tudo isso mudou em apenas nove anos – e continuará mudando. Entender, como fez Steve Jobs quando estava vivo e como a Apple continua fazendo após o falecimento de seu fundador, que os negócios, as pessoas e os produtos estão em constante transformação é a chave para empreender nos dias de hoje. Sem essa percepção, ficamos cegos e agimos como o meu avô: não percebemos que os ventos da mudança estão soprando e, quando nos damos conta, já perdemos a oportunidade de ajustar o foco.

Nos próximos capítulos, vou contar com detalhes para você como eu (e outros empreendedores de sucesso) faço para notar as mudanças e me adiantar a elas. Isso fica na minha cabeça o tempo todo, não porque eu seja obcecado com o futuro, simplesmente, mas porque, sem essa preocupação, um empreendedor não consegue tornar seu negócio duradouro e sustentável. Um dado interessante que demonstra a volatilidade dos nossos tempos é citado pelo neurocientista norte-americano e especialista em maximização de resultados Robert K. Cooper em seu livro *Não tropece nas próprias pernas: pare de se sabotar e seja tudo que você pode ser*. O autor fez um levantamento e descobriu que 70% das companhias ranqueadas pela Fortune 500 (lista das maiores e mais importantes empresas do mundo feita pela revista norte-americana *Fortune*) em 1955 já fecharam. Das companhias que integraram a lista da *Fortune* em 1979, 40% não existiam mais. E, das que formavam o ranking do ano 2000, 30% já haviam encerrado suas atividades. O problema é que os ciclos estão se encurtando e possivelmente nos próximos quinze anos a maioria das grandes empresas que existem hoje vai virar pó.

gustavo caetano

o tripé do empreendedorismo

Essas estatísticas comprovam que o mundo muda e que as empresas que não conseguem se reinventar dia a dia simplesmente não conseguem sobreviver. A lição que eu quero compartilhar com você neste livro é simples: se o mundo muda, você tem de mudar também! Afinal, o seu negócio não é maior que o mundo – nem inimigo da realidade. É possível entender essas mudanças e ir se adaptando a elas sem, é claro, deixar de fazer aquilo em que você acredita. Aliás, quando um empreendedor acredita no próprio negócio, na própria capacidade e entende que a adaptação às mudanças é uma das chaves para o sucesso, crescer fica muito mais fácil. Conseguir desenvolver essa competência de estar pronto para as mudanças é tão importante que uma pesquisa feita pela Conecta, plataforma on-line do instituto de pesquisa Ibope Inteligência, para o estudo "Reinventando carreiras – Funcionários do futuro", aplicada em 2015 e que entrevistou 996 profissionais, revelou que a habilidade mais importante para o mundo do trabalho do futuro será a flexibilidade e, em segundo lugar, o poder de adaptação. Como o futuro não espera, você tem de começar a pensar sobre essas competências agora!

Posso dizer que, ao longo da minha curta, porém intensa, história no empreendedorismo, tive muitas oportunidades de treinar minha flexibilidade, meu poder de adaptação e minha resiliência – a habilidade de dar a volta por cima quando algo dá errado, outra competência importantíssima para os empreendedores. Tanto que uma pesquisa feita pelas acadêmicas Amanda Bullough, da Thunderbird School of Global Management, e Maija Renko, da Universidade de Illinois, em Chicago, publicada na revista acadêmica *Business Horizons*, em junho de 2013, revelou, após entrevistas com mais de 500 empreendedores norte-americanos, que a

PENSE simples

resiliência é fundamental para ser bem-sucedido e especialmente importante para enfrentar momentos desafiadores dos negócios.

Uma das vezes que tive de usar esse tripé do empreendedorismo — flexibilidade, poder de adaptação e resiliência — foi com uma das minhas primeiras empresas, a Hacker News Brasil. Tudo aconteceu meio por acaso. Um pouco antes de começar o curso de Publicidade e Marketing na Escola Superior de Propaganda e Marketing (ESPM), no Rio de Janeiro, eu e um grande amigo, o Dinaldo Almendra, fundamos um site. Eu estava com 17 anos, e nós dois tínhamos algo em comum: gostávamos de navegar na internet. Um dos sites que a gente sempre olhava era o *Hacker News*, uma página norte-americana que dava notícias sobre as invasões dos hackers em diversos sites. Naquela época, esse pessoal estava bombando, invadindo diversas páginas, desde sites do governo até sites de bancos. Víamos o que os estrangeiros estavam fazendo e pensamos: por que não criar uma página para cobrir as ações dos hackers brasileiros? Foi assim que surgiu, em 1999, o *Hacker News Brasil*. Começamos publicando o que saía no exterior, traduzindo as notícias do *Hacker News* norte-americano, e, também, relatando o que os brasileiros tinham feito. Acabamos nos tornando, sem ter tido essa pretensão, uma agência de notícias — era comum que grandes veículos de comunicação repercutissem as nossas notícias e éramos citados pelo jornal *O Estado de S. Paulo*, pela revista *Info Exame* e pelo *portal Terra*, por exemplo. Eu virei especialista em mundo digital, imagina só! Como estávamos ganhando repercussão, começou a acontecer uma coisa curiosa e que nós não esperávamos: a gente conseguia furos jornalísticos sobre o mundo hacker. Ou seja, os próprios hackers avisavam a gente, com antecedência, que iam invadir determinado site em dia e horário específicos. E nós, então, publicávamos a informação assim que a invasão era feita. Com isso, ficamos ainda mais relevantes na área e fomos ganhando confiança para crescer. O site parecia tão promissor que um amigo quis se tornar nosso investidor e nos deu 20 mil reais para que a gente escalasse o produto; mas aí surgiu o tal do imponderável. Um dia, chegou à minha casa um ofício da Polinter, do Rio de Janeiro, pedindo a minha presença na delegacia para prestar esclarecimentos sobre o site. A Polinter tinha, na época, uma área especializada em crimes digitais e o *Hacker News Brasil* estava sendo investigado. Fiquei meio apavorado, vou ser sincero. Liguei para o meu pai e ele conseguiu um advogado para nos ajudar com o caso. Quando fui à Polinter, o delegado me disse que o site deveria sair do ar porque estava incitando os crimes digitais – eles acreditavam que, por publicar notícias daquela área e por cobrir os ataques cibernéticos, mais pessoas ficariam interessadas em se tornar hackers. Fiquei muito chateado porque o site crescia em audiência e porque eu tinha acabado de receber meu primeiro investimento para empreender. Não teve jeito. Pouco mais de um ano depois da fundação da *Hacker News Brasil*, tivemos de tirar o site do ar e devolver o capital para o nosso investidor. Esse foi o meu primeiro fracasso. E com ele aprendi que, por mais promissor que um negócio seja, nada dura para sempre e que, para seguir em frente, um empreendedor não pode achar que sabe tudo e que está acima de qualquer lei. Para seguir em frente, um empreendedor tem de estar sintonizado

> tudo o que você considerava certo e inabalável pode se modificar

PENSE simples

com o futuro e ciente de que existem fatores que fogem do controle e que podem, sim, prejudicar um negócio caso você não esteja atento para os sinais do perigo e das mudanças.

    Eu tive essa lição muito cedo em minha trajetória de empreendedorismo – e sou grato por isso. Desde o começo, desde que era criança e ouvia a minha avó contando sobre o fracasso do meu avô, eu aprendi, talvez até instintivamente, que o mundo gira, que as coisas se transformam e que, de uma hora para outra, tudo o que você considerava certo e inabalável pode se modificar. Isso ficou fixado na minha cabeça. O que eu quero mostrar a você, nos próximos capítulos, é como se preparar para essa realidade, a de que nada é para sempre. E você vai entender que, ao contrário do que muitos pensam, isso é algo excelente para quem quer empreender, seja agora, seja no futuro.

O FRACASSO DO MEU AVÔ

Assista ao vídeo em que eu conto a história do fracasso da empresa do meu avô e explico por que esse fato ficou na minha cabeça ao longo dos anos e está me ajudando a ter sucesso no empreendedorismo.

Para ler o código ao lado, é muito fácil.
Baixe em seu celular, smartphone ou tablet um aplicativo para leitura de QR code.
Abra o aplicativo, aponte a câmera do seu aparelho para a imagem ao lado e acesse o vídeo.

teste

DE OLHO NO FUTURO

Antes de continuar a leitura, gostaria de propor um exercício para você. Aqui, não existem respostas certas ou erradas: é o seu momento de refletir sobre a maneira como você encara o futuro e as mudanças. Responda às perguntas abaixo sem pressa e com muita sinceridade – quanto mais sincero for, melhor. Só assim você vai conseguir compreender quais são seus pontos fortes e os pontos que ainda precisa melhorar. Ao ter consciência disso, a leitura do livro será ainda mais produtiva e vai ajudá-lo a se tornar um empreendedor melhor.

1. Quando você pensa sobre o futuro, qual dos sentimentos abaixo se sobressai?
A. Animação
B. Ansiedade
C. Medo
D. Alegria

2. Escreva, nas linhas abaixo, o motivo que o levou a escolher um dos sentimentos acima para representar o modo como se sente sobre o futuro. Guarde essa resposta. Ela será importante para você se desenvolver como empreendedor.

_____
_____
_____
_____
_____
_____
_____

3. Quando você percebe que algo está mudando, qual costuma ser a sua primeira atitude? Além de citá-la, explique por que você age ou se sente assim.
_____
_____
_____
_____

4. Com que frequência você se informa sobre as tendências do futuro da sua área ou do seu negócio?
A. Todos os dias
B. Uma vez por semana
C. A cada quinze dias
D. Uma vez por mês

5. Quando você fica sabendo que uma tendência está surgindo, como costuma reagir? Fica com vontade de entender mais sobre aquele novo produto/serviço/comportamento ou acha que aquilo é uma bobagem passageira? Explique por que você se sente assim.
_____
_____
_____
_____

Fique com essas respostas na cabeça e comece a refazer, a si mesmo, essas perguntas de tempos em tempos. Isso vai ajudar no seu crescimento e auxiliar você a encarar com mais positividade e inteligência as mudanças que estão por vir.

2

dna
inovador

Na Introdução, comentei que, se tivéssemos de escolher uma palavra para definir a época em que vivemos, uma grande candidata seria inovação. Isso porque estamos em um momento em que produtos e serviços surgem e mudam a nossa vida do dia para a noite. Afinal, o que significa exatamente inovação? Pensando apenas na palavra em si, o termo vem do latim *innovatio* e quer dizer "um objeto, um método ou uma ideia que seja diferente do que já existia anteriormente". No passado, inovar era algo para poucos e demandava anos de pesquisa, desenvolvimento e estudo. Não que, em alguns casos, isso não seja assim hoje – para inovar na Medicina, por exemplo, e encontrar um tratamento eficaz para determinada doença ainda são necessários muito tempo e esforço.

No entanto, hoje, temos um trunfo que nossos pais e nossos avós não tinham: o acesso fácil à informação. Se você tem um celular com conexão à internet, está feito: tem o mundo nas mãos. A informação está aí, disponível para todo mundo que quiser aprender sobre algo, aprofundar-se em algum assunto ou entrar em contato com pessoas admiráveis. Até uns anos atrás, isso era inconcebível. Agora, essa tonelada de dados está ao alcance de todos nós. E sabe qual é uma das consequências desse volume de

PENSE simples

informações livre? O aumento da competitividade e, consequentemente, a valorização da inovação. Afinal, é pela inovação que as empresas – e as pessoas – diferenciam-se no mercado e conseguem desbancar a concorrência.

a era da inovação

A inovação é tão importante para o cenário atual que a General Eletric, a famosa GE, companhia multinacional que tem negócios em diferentes áreas, como aviação, energia e transportes, faz uma pesquisa anual com executivos e cidadãos espalhados por diversos países para entender como anda a percepção das pessoas – e das companhias – sobre o tema. O estudo é batizado de "Barômetro da inovação", e, em 2016, os pesquisadores da GE conversaram com mais de 4 mil pessoas de 23 países – entre eles, o Brasil. As conclusões são muito interessantes e nos ajudam a entender por que inovar deve ser uma das maiores preocupações dos empreendedores – e, não se preocupe, ao longo do livro você vai descobrir que a inovação está mais perto do que você imagina.

A primeira conclusão do Barômetro 2016 é que nós estamos vivendo a Quarta Revolução Industrial, algo apontado por 68% dos executivos e por 64% dos cidadãos como positivo, bem-vindo e que pode empoderar os mercados emergentes, como o Brasil. Antes de entrarmos nos detalhes dessa revolução, quero refrescar a memória e lembrar quais foram as outras revoluções industriais. A Primeira Revolução Industrial começou em meados do século XVIII, na Inglaterra, com o surgimento da máquina a vapor, importantíssima para o crescimento da indústria, do transporte (com o aparecimento das locomotivas) e da mecanização do campo, fatores que ajudaram no surgimento de novas profissões e no crescimento das cidades;

gustavo caetano

a Segunda Revolução Industrial aconteceu entre meados do século XIX e do século XX, com a massificação da eletricidade e a invenção – e comercialização – de tecnologias como o carro, o rádio e o avião, e, também, com o avanço da tecnologia, que passou a ser cada vez mais valorizada; e a Terceira Revolução Industrial começou a partir da década de 1970 e teve como principal característica o desenvolvimento da informática, da microeletrônica, da biotecnologia e o surgimento da internet.

E o que seria a Quarta Revolução Industrial, citada no Barômetro da inovação e que também já foi tema de discussão do Fórum Econômico Mundial, em Davos, importante encontro entre líderes e pensadores de vários países? A Quarta Revolução Industrial é o momento que vivemos, no qual existe uma união do real com o virtual e, também, uma convergência de tecnologias, sejam digitais, biológicas, sejam físicas. Klaus Schwab, especialista no tema e autor do livro *A Quarta Revolução Industrial*, disse, em uma entrevista para a BBC, algo em que eu também acredito: "Estamos a bordo de uma revolução tecnológica que transformará fundamentalmente a forma como vivemos, trabalhamos e nos relacionamos. Em sua escala, alcance e complexidade, a transformação será diferente de qualquer coisa que o ser humano tenha experimentado antes". E isso é sensacional para um empreendedor! Nunca antes um empreendedor teve à sua volta um cenário de negócios tão efervescentes e com pessoas tão abertas ao novo. Tanto que, outro dado da pesquisa Barômetro de 2016 mostra que, para 90% dos executivos e 93% dos cidadãos, as empresas

> os pequenos têm armas poderosas para assustar os grandes

mais inovadoras não são apenas aquelas que lançam novos produtos ou serviços, mas as que criam mercados que não existiam anteriormente. Esse é o desafio do empreendedorismo atual. É preciso criar e transformar. E isso abre muitas portas para todos os que querem fundar o próprio negócio – por menor que seja! No próximo capítulo, vou explicar como surgiu a Samba Mobile, minha primeira empresa, mas já posso dizer que comecei sozinho no mercado de celulares, dormindo no sofá de um amigo que teve a bondade de me oferecer cama e chuveiro, e, em um ano, tinha negócios não só no Brasil, mas na América Latina. Não tem problema ser pequeno. Hoje, os pequenos estão incomodando – e muito – os gigantes.

Davis × Golias

Você já deve ter ouvido falar da história bíblica de Davi e Golias, que conta sobre o dia em que o pequeno israelita Davi resolveu enfrentar o gigante filisteu Golias. Davi tinha ido levar alimentos e água para seus irmãos, que lutavam no exército de Israel contra os filisteus, e, chegando lá, viu como Golias insultava e zombava dos soldados israelitas e o ouviu dizer que, se um homem escolhido pelo exército de Israel lutasse contra ele e o derrotasse, os filisteus se tornariam seus escravos. Se o contrário acontecesse, e Golias vencesse, os israelitas é que seriam escravizados pelos filisteus. No entanto, todo mundo estava morrendo de medo de Golias, que, diz a história, tinha 3 metros de altura e era fortíssimo. Todo mundo, menos Davi, que, com coragem, convenceu o rei Saul de que poderia lutar contra Golias. E lá foi ele para a batalha – sem nem usar armadura, porque não tinha físico para aguentar o equipamento. Quem assistisse à luta não acreditaria que um rapaz tão pequeno e magrinho pudesse vencer um gigante como Golias. Quando Davi chegou, seu oponente achou que ia ser moleza, mas Golias não contava com a astúcia do pequeno soldado. Davi não tinha força física, mas tinha inteligência e, usando sua funda – uma espécie de estilingue –, arremessou uma pedra de rio bem na cabeça de Golias. A mira foi tão certeira que matou Golias e libertou os israelitas dos filisteus.

Agora, você me pergunta: "Mas, Gustavo, o que essa história tem a ver com empreendedorismo?". E eu respondo: Tudo! Hoje, somos muitos Davis, espalhados pelo mundo todo. Qualquer homem ou mulher que abre um negócio pequeno no começo e que começa a bagunçar o mundo das empresas gigantes é um Davi em potencial lutando contra os Golias do mercado. A Quarta Revolução Industrial, o acesso fácil às informações e a Lei de Moore (máxima de Gordon Earl Moore, cofundador da Intel, companhia de computação norte-americana, que diz que o poder de processamento dos computadores dobra a cada dezoito meses), possibilitam que esse movimento aconteça. Moore acertou tanto nessa previsão que uma reportagem do site *Phone Arena*[1] mostrou que um iPhone 5S era mais potente do que o sistema operacional usado pela NASA na missão Apollo 11, que levou o homem à Lua. A Apollo 11 tinha à disposição equipamentos que possuíam apenas 64 KB de memória RAM e uma CPU de 0,043 MHz – algo que era a mais alta tecnologia nos anos 1960. Já um iPhone 5S tinha uma memória RAM de 1 GB e um processador de 1,3 GHz – o melhor é que você nem precisa ser astronauta para ter acesso a um desses. Viu como Moore acertou? Ainda bem. Isso dá armas para nós, os pequenos.

---

1 Disponível em: <http://www.phonearena.com/news/A-modern-smartphone-or-a-vintage-supercomputer-which-is-more-powerful_id57149>. Acesso em: 7 dez. 2016.

PENSE simples

> as empresas inovadoras são as que criam mercados que não existiam

Com um iPhone no bolso, você pode ser um Davi prestes a arremessar uma pedra em um gigante de mercado que, desatento, nem entende de primeira de onde vem o golpe. Quando percebem, as companhias grandes estão que nem barata tonta, com um monte de "inimigos invisíveis", pequenas empresas que, de uma hora para outra, mudaram o modo como as pessoas e os mercados funcionam. Isso porque, em sua maioria, os grandes são lentos e ineficientes e não conseguem enxergar a entrada de novos concorrentes uma vez que, como o Golias da história, enxergam muito mal. Para quem duvida que as grandes ficam com medo das pequenas, é só olhar os resultados de uma pesquisa global feita pela Dell, fabricante de computadores, com 4 mil líderes de grandes companhias de todo o mundo que mostrou que 78% dos entrevistados enxergam as start-ups como ameaças para seus negócios (agora e no futuro). O número representa bem o mercado atual: os pequenos têm armas poderosas para assustar os grandes, como a flexibilidade e a agilidade.

pequenos gigantes

Foi assim com o Skype, por exemplo. A empresa foi fundada em 2003 por dois amigos, Niklas Zennström e Janus Friis, que tinham tido uma ideia muito simples: por que não oferecer para os internautas uma maneira eficiente de se comunicar por voz? A internet já estava bem espalhada pelo mundo, e os fundadores do Skype queriam ajudar as pessoas de todo o planeta a conversar, de forma eficiente e mais barata. Veja, como eu disse anteriormente, foi

gustavo caetano

uma ideia simples a faísca para um grande negócio. A coisa deu muito certo porque, com o Skype, as pessoas podiam telefonar, via computador, para um amigo conectado ao Skype, por telefone fixo ou celular. Em sete anos, a média mensal de usuários conectados à ferramenta era de 145 milhões! Aí você vê que a ideia deu muito certo. Deu tão certo que começou a incomodar os gigantes, é claro. Tanto que, em 2010, a Embratel (Empresa Brasileira de Telecomunicações S.A.), a única companhia telefônica daquela época que oferecia ligações internacionais, pressionou a Anatel (Agência Nacional de Telecomunicações) a mudar o sistema de cobrança das operadoras de telefonia para que pudessem competir com a baixa tarifa praticada pelo Skype – que estava roubando os clientes da Embratel. O Skype só crescia e continuava a incomodar os grandes porque tinha mudado a forma como as pessoas se comunicavam – se você precisa fazer vários interurbanos, aposto que prefere se conectar por Skype a fazer uma ligação tradicional, porque ninguém é tonto de gastar dinheiro quando dá para economizar, né? A empresa, que começou com dois amigos, transformou a comunicação mundial. E aí um Golias resolveu fazer uma proposta para o Davi: a Microsoft, em 2011, comprou o Skype por 8,5 bilhões de dólares. Sabe aquela velha máxima, "se não pode vencê-los, junte-se a eles"? Pois foi isso o que a Microsoft fez. Uma empresa de meia dúzia de funcionários pode incomodar uma gigante daquele setor – e isso é maravilhoso para quem está entrando no empreendedorismo.

Quer outro exemplo de um Davi dos tempos atuais? O Waze, aplicativo usado por todo mundo que precisa dirigir ou encontrar bons caminhos para fugir do trânsito. A empresa começou quando os fundadores Uri Levine, Ehud Shabtai e Amir Shinar, que viviam em Israel, se perguntaram: como podemos melhorar a vida da nossa comunidade por meio de mapas on-line?

PENSE simples

Dessa inquietação, surgiu a percepção de que uma boa maneira de fazer isso era integrando os dados de mapas pelo GPS com informações relevantes sobre acontecimentos naqueles locais, em tempo real, como acidentes, vias bloqueadas ou congestionamentos. Assim, eles melhorariam a mobilidade das pessoas. O raciocínio, novamente, foi simples. Eles perceberam que, se o sistema permitisse comentários e sinalizações dos usuários – no caso, os motoristas –, ficaria fácil criar uma rede de informações e, consequentemente, permitir que o software sugerisse a melhor rota para cada destino. E assim, em 2009, nasceu o Waze, que hoje tem mais de 65 milhões de usuários em todo o mundo – só em São Paulo, são mais de 3 milhões. Pois é, não sei você, mas tem muita gente que não consegue mais dar nem dois passos sem usar o Waze. Da cabeça de três amigos que queriam resolver um problema banal surgiu uma empresa que mudou o modo como todo mundo se locomove. Esse sucesso de um Davi deixou em alerta outro Golias, dessa vez o Google, que via no Waze um concorrente de peso para os seus Google Maps. Por isso, a companhia do Vale do Silício – que um dia também já foi um Davi, façamos justiça – fez uma oferta de compra e arrematou o Waze por 1,3 bilhões de dólares em 2013.

Outro pequeno que tirou – e ainda tira – o sono dos grandes é o Airbnb, site para aluguel de apartamentos ou quartos ao redor do mundo que, atualmente, possui mais de 2 milhões de acomodações no planeta. A ideia para a plataforma veio da cabeça de Joe Gebbia, Brian Chesky e Nathan Blecharczyk quando eram estudantes, em 2007. Morando em São Francisco (Califórnia) e precisando levantar dinheiro, Brian e Joe, que dividiam um apartamento, viram em uma convenção que atraía vários viajantes a São Francisco a oportunidade de conseguir uma grana que os ajudaria a pagar o aluguel. Eles perceberam que os hotéis da cidade estavam todos lotados e pensaram: e se a gente alugar os espaços do nosso apartamento para esses turistas? Jogaram três colchões no chão da casa deles, criaram um blog do dia para a noite – com a ajuda do terceiro sócio, Nathan – e divulgaram o produto na internet. Pronto. Nascia o embrião do Airbnb. Nesse primeiro aluguel, as pessoas que se interessaram pelo serviço não tinham o perfil que os fundadores imaginavam, de gente descolada e tudo o mais. Quem dormiu nos colchões do apartamento dos sócios foi uma senhora de meia-idade, um pai de família e um indiano que estava viajando pela Califórnia. Além do preço atrativo, 80 dólares por noite, esses primeiros hóspedes se sentiram atraídos porque os rapazes ofereciam cama e também um café da manhã. Por causa desse trio heterogêneo de hóspedes, os sócios se deram conta de que havia muita demanda por um serviço daquele tipo – demanda dos mais diferentes estilos. Eles perceberam uma oportunidade de empreender, algo que desejavam fazer há tempos. Então, em 2008 começaram a estruturar o que seria o Airbnb, a ideia era formar uma rede de anfitriões pelo mundo que alugariam suas casas ou seus quartos vagos para viajantes do mundo todo. Levantaram dinheiro com a venda de caixas de cereais personalizadas (eles lucraram 30 mil dólares ao vender embalagens com caricaturas dos candidatos à presidência daquele ano, Barack Obama e John McCain) e foram atrás de mais dinheiro para investir. Conseguiram o capital por meio de uma aceleradora de start-ups e tiveram um insight que mudou a história da empresa: as fotos dos imóveis dos anfitriões eram terríveis, e isso não atraía os turistas. Então, fizeram as malas, foram para Nova York – uma das cidades mais amadas pelos turistas –, alugaram uma câmera profissional e tiraram ótimas fotos. Isso fez com que a receita semanal – de 200 dólares, até então – dobrasse de

PENSE simples

um dia para outro! E aí o Airbnb começou a incomodar os grandes, principalmente a indústria hoteleira, que, em diversos países, faz pressão para que os governos aprovem leis que dificultem a atuação da empresa. O Airbnb, porém, continua forte e, hoje, é avaliado em 25 bilhões de dólares. Mais um Davi vencendo um Golias.

Aqui no Brasil, um Davi que resolveu entrar em terras de gigantes é o Nubank, empresa de serviços financeiros que chegou para brigar com instituições enormes (e muito ricas), como Itaú, Bradesco e Santander. E a ironia é que, por trás do Nubank, tem um Davi de verdade. O fundador se chama David Vélez, um colombiano que chegou a São Paulo em 2012 para trabalhar no fundo de investimentos em start-ups Sequoia Capital e que, um ano depois, decidiu abrir o próprio negócio. A ideia do Nubank é desburocratizar os processos bancários e facilitar a entrada de pessoas nos bancos. Para isso, seu principal produto é o cartão de crédito, sem anuidade, sem tarifas e que tem a possibilidade de ser cancelado em qualquer momento. Todas as transações bancárias e todos os contatos entre Nubank e cliente são feitos pelo smartphone, sem a burocracia das agências bancárias. Isso barateia muito o custo de operação, já que não é preciso ter agências espalhadas pelo país – o que geraria uma necessidade de funcionários e de pagamento de alugueis de imóveis. Além do cartão, a start-up está investindo em novos produtos, como um programa de milhagens e descontos para quem antecipar o pagamento de compras parceladas. Com essa pegada, a empresa cresceu. Entre 2015 e 2016, passou de 40 para 340 funcionários. E tem, hoje, uma lista de espera de mais de 450 mil futuros clientes – os interessados no cartão têm de se cadastrar no site do Nubank antes de conseguir um cartão e esperam um tempo até que a seleção aconteça. Tudo no boca a boca!

Agora, qual banco tem uma lista de interessados tão grande? Nenhum. O Nubank viu uma oportunidade que nenhum grande tinha visto: oferecer um produto bancário que os jovens quisessem consumir. E está preenchendo esse nicho de mercado com agilidade e rapidez. "No continente, há a combinação bancos tradicionais de um lado e *millennials* [pessoas nascidas entre 1980 e 1995] querendo usufruir de serviços financeiros de uma forma diferente do outro", disse David em uma entrevista para a revista *Forbes Brasil*.[2]

> inovação é processo, metodologia, treino

Eu poderia citar outros vários exemplos como esses, e daí surge a indagação: por que tantos pequenos estão batendo gigantes hoje em dia? O primeiro ponto é: porque os pequenos oferecem um serviço ou produto de um jeito que os grandes não conseguem oferecer. Quer dizer, os "Davis" resolvem os mesmos problemas que os "Golias", mas com modelos de negócios diferentes, bem mais inovadores e estimulantes. Assim, enquanto a gigante Kodak decretava falência, o Instagram, com apenas catorze funcionários, era vendido por 1 bilhão de dólares. E a start-up estava fazendo exatamente a mesma coisa que a Kodak havia feito durante a sua história: permitir que as pessoas compartilhassem emoções através de registros fotográficos de momentos importantes. Era igual – só que diferente. A diferença era o alinhamento do Instagram às necessidades e aos desejos da atual geração de consumidores, que quer algo mais prático do que fotos a serem reveladas em

---

2 Disponível em:<http://www.forbes.com.br/negocios/2016/06/como-o-nubank-virou-o-queridinho-dos-jovens-brasileiros/>. Acesso em: 7 dez. 2016.

PENSE simples

papel. O mesmo raciocínio vale para outras empresas que desbancaram as grandes, resolvendo o mesmo problema do consumidor com uma solução mais inovadora, como a Netflix, de aluguel de filmes e séries pela internet, que acabou com a era das grandes locadoras de vídeos, como a Blockbuster.

E por que isso acontece hoje? Porque as novas necessidades surgem a todo o momento, os mercados (e as pessoas) mudam muito depressa e os grandes nem sempre têm a agilidade para acompanhar essas transformações. Quem tem essa agilidade são os pequenos. O capitalismo vive em ciclos e, segundo o pensador e economista soviético Nikolai Kondratiev, os grandes ciclos costumam durar entre 55 e 80 anos e são divididos em quatro "estações": primavera (período de crescimento econômico), verão (quando o crescimento atinge seu limite e começam a surgir tensões decorrentes da bonança), outono (momento de crescimento moderado e de surgimento de inovações para lidar com os problemas que surgiram da bonança) e inverno (período das crises econômicas). E esse ciclo se repete eternamente. O que vivemos agora, graças ao mundo altamente conectado e à globalização, é uma aceleração desses ciclos econômicos, o que gera enormes oportunidades para os empreendedores. Há muito mais entrada para novos negócios. Principalmente se esses novos negócios tiverem algo importantíssimo: propósito.

encontre um propósito

Existe uma coisa em comum entre essas companhias que citei como exemplo ao longo deste capítulo. E não estou falando sobre o sucesso que elas alcançaram. Estou falando sobre o fato de essas empresas terem alma. Todas elas possuem um propósito muito bem estabelecido. Quer dizer, o negócio não existe apenas para dar lucro ou para tornar os empreendedores famosos. Isso são apenas consequências. Os negócios bem-sucedidos surgem porque os empreendedores querem, na maioria dos casos, resolver um problema que, se for solucionado, vai melhorar a vida de algumas pessoas. E isso é o propósito. Uma empresa só dá certo se estiver oferecendo um produto ou serviço que vá facilitar a vida dos outros de alguma maneira. Quando isso acontece, o empreendedor está com meio caminho andado. Sabe por quê? Porque vai engajar tanto os possíveis clientes – que estão precisando daquilo que ele oferece – quanto os futuros funcionários. Todo mundo está carente de propósito. Tanto que uma pesquisa da Fundação Estudar, divulgada pela revista *Você S/A*, feita com 256 pessoas de todo o Brasil, revelou que 62% dos entrevistados trocariam de emprego se tivessem a chance de, no novo trabalho, realizar seu propósito de vida. Isso significa que há uma vontade gigante de fazer algo em que se acredita. E, por causa disso, o empreendedor tem mais uma porta aberta: há espaço para resolver problemas do dia a dia. Isso é inovação.

 Inovar não é ficar quebrando a cabeça atrás de algo que não existe. Isso aí é tentar separar o polvilho do pão de queijo depois de assado. Inovar é olhar ao redor, descobrir algo que incomoda você e que pode ser melhorado. Uma coisa que aprendi na Universidade da Disney e que é libertadora é que inovação não tem a ver com a criatividade em si e que as pessoas mais inovadoras não são, necessariamente, as mais criativas. Inovação é processo, metodologia, treino. Se não fosse assim, o pessoal da área de inovação da Disney não conseguiria criar um novo parque ou um novo filme em um tempo predeterminado. Não se pode depender da criatividade para inovar ou esperar eternamente por uma inspiração. E isso

PENSE simples

é ótimo. Dá para desenvolver essa competência como dá para desenvolver qualquer outra habilidade.

Um bom modo de fazer isso é seguir o modelo de inovação da Disney, que é estruturado em três etapas de pensamento. A primeira delas é o *pensamento sonhador*, aquele momento em que temos vontade de fazer algo diferente. Na Disney, nessa etapa, todo mundo fala sobre o que sonha com determinado projeto, sem pensar nos pontos negativos ou nas críticas. É a hora de fazer as seguintes perguntas: o que a gente quer? Qual é a solução para isso? Como imaginamos uma solução para isso? Quais são os benefícios de usar essa solução? Depois de esses questionamentos terem sido feitos, passamos imediatamente para a segunda etapa do processo, a do *pensamento realista*, em que precisamos colocar os pés no chão para analisar o que é preciso ser feito de verdade para transformar o sonho em realidade. Agora, as perguntas a serem feitas são: como podemos aplicar a nossa ideia à realidade? Qual é o plano de ação para executar essa ideia? Qual é a linha do tempo da aplicação dessa ideia? Como avaliar essa ideia? Então, vem o momento do *pensamento crítico*, quando é preciso pensar nas barreiras para a aplicação da ideia e nos pontos fracos dela. As questões aqui são diferentes: o que pode dar errado com essa ideia? O que está faltando? Por que nós não podemos fazer isso? Quais são

PEQUENOS NOTÁVEIS

Nesse vídeo, eu conto histórias de empreendedores que surgiram pequenos, como Waze, Nubank e Airbnb, e que mudaram o modo como os mercados funcionam, apavorando os gigantes de seus setores de atuação.

as fraquezas do nosso plano? Com essas etapas sendo seguidas nessa sequência, as equipes da Disney conseguem partir do sonho para a realidade e ver quais são os pontos de atenção do plano imaginado.

Isso é inovar. Inovar é enxergar que as oportunidades estão nos problemas que existem, os quais ainda não foram resolvidos porque todas as soluções propostas até agora foram ruins ou ineficientes. Se você encontrar esse problema que o deixa inquieto, pode soltar rojão como se fosse final de Copa do Mundo: você terá encontrado um propósito pelo qual empreender. E, com trabalho duro, certamente conseguirá mostrar ao mundo que a sua solução é a melhor possível.

teste

QUAL É O SEU PROPÓSITO COMO EMPREENDEDOR?

No primeiro capítulo, você pensou sobre o futuro. Agora, quero que pense sobre o presente e reflita sobre aquilo que move você.

A. Liste os três problemas que mais incomodam você neste momento:
1. _____
2. _____
3. _____

B. Liste suas três melhores habilidades — tanto faz se são características em que você se destaca no seu trabalho ou na sua vida pessoal:

1. _____
2. _____
3. _____

C. Escreva abaixo como essas características poderiam ajudá-lo a solucionar um dos três problemas que você citou na pergunta da letra A.
_____
_____
_____

D. Agora, anote abaixo três motivos que levariam você a trabalhar, com felicidade, todos os dias.

1. _____
2. _____
3. _____

E. Se pudesse resumir os três motivos acima em apenas uma frase, qual seria? _____
_____

Esse é o seu propósito. Corra atrás dele!

3

uai not?

Como comentei no primeiro capítulo, eu saí de Araguari para estudar na ESPM, no Rio de Janeiro. Enquanto estava na faculdade, meu pai me estimulou muito a fazer estágio, e, no segundo ano do curso, consegui um estágio na Unimed Rio, na área de marketing. Na época, a cooperativa patrocinava o Fluminense, e eu achei que seria uma oportunidade muito interessante trabalhar com a marca da companhia naquele momento. Era uma empresa atraente, sabe? Cheguei lá cheio de gás, com muita vontade de aprender e de ajudar, e eu só via oportunidades em todo lugar. A empresa é tradicional, grande, com uma hierarquia forte, mas isso não me assustava – embora eu soubesse que ia tomar alguns "nãos" com as minhas ideias. Eu não conseguia não pensar em jeitos mais inteligentes de fazer as coisas. Enquanto fazia o estágio, comprei um celular com a tela colorida, uma coisa que hoje parece ridícula, mas que era novidade lá em 2003. E o que eu mais gostava de fazer no celular era jogar – gosto tanto de jogos que, para você ter uma ideia, até virei colunista de games no jornal de Araguari quando eu tinha 12 anos! Só que, em 2003, era impossível baixar jogos em celulares coloridos, simplesmente não existiam games com essa tecnologia disponíveis no Brasil. Então, vi uma oportunidade. Se não existiam jogos à venda, era porque ninguém tinha pensado nisso antes e, portanto, havia um nicho de mercado em aberto. Era apenas uma ideia e eu era só um estudante. No entanto, em vez de me conformar e esperar que a questão se resolvesse sozinha, decidi ir atrás e tentar achar um jeito para solucionar o problema.

Ali, nos anos 2000, o que bombava nos celulares eram os *ringtones*, dava para baixar uma infinidade de musiquinhas. Então, pensei: vou atrás de uma dessas empresas para entender o mercado e ver se realmente não havia empresas de games para celulares coloridos no Brasil. Conversei com executivos de algumas dessas companhias e comecei a entender como esse mercado operava. Basicamente, as empresas de *ringtones* eram agregadoras. Quer dizer, elas detinham as músicas e as disponibilizavam para os clientes. Decidi, então, olhar como era o mercado de games de celular no mundo e descobri que o tipo de raciocínio era bem parecido: as companhias estrangeiras compravam jogos de desenvolvedores, montavam um grande portfólio de joguinhos on-line e vendiam para operadoras de telefonia. Essa estratégia era bem inteligente porque não deixava a empresa ligada apenas aos desenvolvedores, mas aumentava a escala da operação.

E, aqui no Brasil, nada de esse mercado surgir. Então, comecei a ir atrás. Mandei e-mail para várias dessas empresas agregadoras com uma proposta muito simples: eu dizia que gostaria de ser o revendedor de uma dessas companhias no Brasil. Assim, na cara de pau mesmo! Para a minha surpresa, duas empresas responderam, uma da França e outra da Inglaterra. Com a companhia inglesa, a conversa avançou mais, e eles disseram que gostariam de ouvir o meu plano de negócios. Com a cara e a coragem, juntei as economias, comprei uma passagem para Londres e fui até lá com um plano de negócios embaixo do braço. Cá entre nós, embora eu tivesse pesquisado bastante sobre o mercado de games para celulares no Brasil, grande parte do meu plano de negócios não era formada por números e estatísticas, mas por teoria e intuição. O meu sentimento era de que havia no país muitas pessoas que, como eu, migrariam do celular preto e branco para o colorido e ficariam frustradas ao saber que não existiam games para download. Tudo o que eu dizia para os ingleses eu tinha lido e sentido – afinal, eu não tinha nenhuma experiência prática naquele mercado; mas eles compraram a ideia. Acreditaram que, por ser um país grande com um bom potencial de consumo, haveria um mercado nascente no Brasil. A verdade é que o pessoal dessa empresa não precisava apostar todas as fichas no Brasil para conseguir lucrar. Então, para eles, o risco era muito baixo. Se desse certo, ótimo. Se não desse, não perderiam tanto dinheiro com o fracasso. Assim, eu me tornei o revendedor da companhia não apenas para o Brasil, mas também para a América Latina! Tudo porque não deixei um incômodo pessoal de lado, acreditei que aquele problema poderia ser solucionado e que havia uma oportunidade para empreender.

Voltei para o Brasil e, lembre-se, eu era só um cara de 19 anos com um salário de estagiário. Não tinha dinheiro nenhum para tocar o negócio. Só que os ingleses não sabiam disso. Eu precisava urgentemente do investimento, mas tinha uma carta na manga. O meu pai tinha planos de pagar um curso para mim no exterior, quando eu me formasse. E eu pensei que, em vez de ele gastar aquele dinheiro com o meu estudo, poderia gastar com o meu negócio. Conversei com ele e com um amigo seu, o Almir Gentil, que era diretor de marketing da Unimed Brasil (meu pai era diretor de tecnologia da empresa), e contei a eles como seria o negócio. No começo, meu pai ficou um pouco receoso, mas o Almir se empolgou e me ajudou a convencer meu pai.

PENSE simples

Eu precisava de uns 100 mil dólares, e eles resolveram colocar o dinheiro no meu negócio, com uma contrapartida de participação na empresa. Eu perguntei quanto eles achavam razoável e o Almir escreveu um valor no guardanapo. Eu disse sim sem nem olhar direito o número. Ele poderia ter escrito qualquer valor naquele guardanapo, porque eu aceitaria na hora. Vendi a participação para eles e assim tudo começou. Estava fundada a Samba Mobile.

Naquele momento, éramos eu e um sócio, que cuidava da parte financeira, contra o mundo. Eu estava no último período da faculdade, morando no Rio de Janeiro, mas já era dono de um negócio. Enquanto eu terminava os estudos, vivi um período bem puxado. Achei que, no Rio de Janeiro, eu estava com um custo de vida alto demais e precisava economizar. Então, pesquisei algumas cidades em que poderia viver com um capital menor, mas próximas aos grandes centros, como São Paulo e Rio de Janeiro. E aí escolhi morar em Belo Horizonte. Só que era um constante bate e volta em ônibus de madrugada para o Rio de Janeiro, onde eu ainda tinha algumas aulas, e para São Paulo, onde eu fazia várias reuniões com clientes interessados. Quem me ajudou muito nesse período foi o meu amigo Guilherme Tomé, que morava em São Paulo e me emprestava o sofá e o chuveiro quando eu precisava de pouso na cidade. Era um momento meio louco, eu dormia no sofá dele e no banco de ônibus quando viajava de madrugada, mas todo esse esforço (e todos os torcicolos) rendeu frutos. Eu tinha um portfólio de mais de 2 mil jogos e consegui fechar contratos com as grandes operadoras de telefonia da época, como Oi, Tim, Claro e GSM. Naquele tempo, o negócio não era muito complexo: trazíamos o jogo do exterior e oferecíamos para as operadoras. O difícil era a primeira venda; depois de ter o contrato assinado, o nosso trabalho era apenas atualizar a operadora com novos jogos. Nossa proposta era de divisão de 50% dos lucros com as operadoras. Nos próximos capítulos, vou explicar como se desenrolou esse projeto e como eu tive de mudar de foco para sobreviver no mercado. O que quero dizer agora, porém, é que, em 2004, quando tudo começou, eu era minúsculo – que nem os "Davis" no capítulo anterior. Estava lá, dormindo no sofá do meu amigo e passando madrugadas em ônibus para economizar dinheiro. Um ano depois, a Samba Mobile abriu negócios em Santiago, no Chile, e em Buenos Aires, na Argentina. Do México para baixo, quase todas as grandes operadoras comercializavam nossos jogos. Isso só foi possível porque eu tinha entrado em um negócio escalável, algo importantíssimo para empreender.

empreenda com escala

Basicamente, um negócio escalável é aquele em que o produto ou serviço pode ser reproduzido com facilidade em grande escala – daí o termo "escalável" – sem demandar aumento de custos ou de recursos por causa do aumento da oferta. Escala tem a ver com uma regra simples da logística que diz que quanto maior for o volume transportado, menor será o custo unitário do frete do produto. Se pensarmos na internet como um "meio de transporte", veremos que a escala é muito alta. Dê uma olhada no gráfico abaixo.

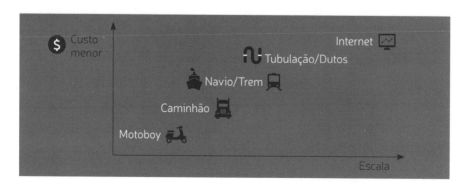

PENSE simples

Era exatamente isso que acontecia com os joguinhos que eu comercializava na Samba Mobile: a escala aumentava rapidamente a partir do desenvolvimento de novos games, que eram oferecidos nos pacotes para as operadoras, e a escala aumentava, também, pelo crescimento do número de clientes que podiam acessar um pacote de jogos preestabelecido. É mais fácil conseguir um negócio escalável se você empreender por meio da tecnologia, que possibilita um grande alcance de clientes em potencial em pouco tempo e com poucos recursos. Um restaurante ou uma loja de roupas, por exemplo, não são negócios tão facilmente escaláveis porque demandam um aumento de espaço físico e de funcionários — e só são escaláveis se derem muito certo e se tornarem franquias, por exemplo.

Agora, com a tecnologia, as coisas são mais simples, pois com a internet, os computadores pessoais e os smartphones, todo mundo pode ter acesso ao seu negócio — desde que você esteja empreendendo em um nicho promissor. Esse é o primeiro desafio a ser superado, mas isso não é tão complexo quanto parece. Você não precisa, como eu já disse, inventar algo do nada. O que você precisa é olhar ao redor e se perguntar: o que está me incomodando neste momento? E como resolver esse incômodo? No meu caso, o incômodo era não existirem jogos para celulares coloridos. Como eu, muitas pessoas que comprassem celulares novos iam ficar carentes por games que rodassem naquela tecnologia. Era uma coisa muito simples. O meu mérito foi ter percebido que havia essa demanda e correr atrás para tentar solucioná-la. Então, faça como eu, olhe para si mesmo e pense no que o está incomodando hoje — pode ser algum procedimento do seu trabalho, alguma tecnologia do seu dia a dia que funciona mal ou algum problema que você enfrenta ao tentar fazer alguma coisa. Esse incômodo está aí e pode ser resolvido. Os empreendedores que têm sucesso se destacam não porque possuem ideias geniais. Eles se destacam porque são pessoas inconformadas com os problemas que os rodeiam. E eles usam esse sentimento como motor para impulsionar a criatividade e a inovação. Então, comece a fazer

> não deixe seu incômodo adormecido; nele existe uma oportunidade

esse questionamento, pense em como resolver o problema que mais o incomoda neste momento e compartilhe a sua angústia com outras pessoas — é assim que você vai entender se esse incômodo é algo estritamente pessoal ou se é compartilhado. Se for compartilhado, a sua inquietação pode se transformar em um ótimo negócio. Um exemplo foi o que aconteceu com Luciana Caletti, fundadora do Love Mondays, um site em que funcionários e ex-funcionários fazem avaliações de seus empregadores. Luciana tinha uma inquietação: descobrir como era trabalhar em algumas empresas. Isso começou quando ela, ao concluir seu MBA, recebeu uma proposta de emprego da Johnson & Johnson — multinacional norte-americana fabricante de marcas como Band-Aid e Hipoglós — e queria saber como era trabalhar na empresa. Ela queria entender qual era a cultura corporativa da companhia para ter certeza de que seus valores pessoais combinavam com os valores da organização. Só que era difícil achar esse tipo de informação. Havia apenas sites norte-americanos, como o Glassdoor, que publicavam resenhas de funcionários que avaliavam vários pontos das empresas, como liderança e remuneração. Ela conversou sobre isso com dois amigos e eles notaram que havia mesmo algo a ser feito. As pessoas, hoje, querem ter

PENSE simples

acesso a mais informação e estão dispostas a dar suas opiniões sobre os mais diversos assuntos, inclusive sobre trabalho. Luciana notou, então, que aquela ânsia de saber mais sobre as companhias não era apenas dela. E, em 2013, ela e dois amigos lançaram o site Love Mondays em que os funcionários podem avaliar as empresas gratuita e anonimamente e em que as empresas podem pagar para divulgar informações, como vagas de emprego e programas de trainee. Uma proposta simples, que surgiu de um problema pessoal e que, em pouco tempo, teve boa resposta tanto das companhias quanto dos profissionais. O feeling de Luciana fez com que ela fundasse um negócio que, um ano depois de entrar no ar, recebeu um aporte de investimento de 2 milhões de dólares do Kaszek Ventures, o principal fundo de Venture Capital da América Latina. E, em 2016, o Love Mondays foi comprado pelo Glassdoor, site que inspirou sua criação. Tudo por causa de uma inquietação pessoal. Por isso, não deixe seu incômodo adormecido. Acredite que nele existe uma boa oportunidade.

mais com menos

O segundo passo para tornar seu empreendimento escalável é usar aquela velha máxima do "faça mais com menos". Sim, no começo tem de ser só você e um ou dois sócios que vão dar o sangue para fazer a empresa crescer com velocidade – o que acontece naturalmente se você estiver em um nicho promissor. Você vai perceber que seu negócio é escalável no momento em que contar para alguém sobre o crescimento da sua empresa e a pessoa arregalar os olhos quando descobrir que, por traz disso, tem só uns jovens. É assim que acontece com a maioria dos empreendedores de sucesso – lembra da minha história de dormir no sofá do meu amigo no começo da Samba e ir para reuniões negociar contratos de valores altíssimos? Pois é o que ocorre com negócios escaláveis.

No entanto, se eu tivesse de citar um fator fundamental para transformar um empreendimento em um negócio escalável, ele seria a simplicidade dos processos. Quando é fácil ensinar a outra pessoa o passo a passo básico para manter seu produto ou serviço funcionando, você tem um ganho enorme em escalabilidade porque não precisa perder tempo em treinamentos complicados e porque você possui um negócio facilmente replicável – o que aumenta a sua velocidade de crescimento através de vendas. Uma consultoria, por exemplo, não é um negócio escalável.

negócios exponenciais

Quem explica bem o que são empresas escaláveis é Salim Ismail, um empreendedor, estrategista de tecnologia e professor da Singularity University, da NASA, da qual eu fui aluno. Em seu livro *Exponential Organizations* [Organizações exponenciais],[1] ele numera cinco pontos que definem as características de um negócio exponencial:

1. **Equipe sob demanda**
   "A vida média de uma habilidade costumava ser de trinta anos. Hoje, esse número caiu para cinco anos. Em qualquer negócio que use a tecnologia, uma equipe grande é desnecessária, contraproducente e cara. Gigwalk [um aplicativo que paga os usuários para fazerem avaliações

---

[1] *Exponential Organizations: Why new organizations are ten times better, faster, and cheaper than yours (and what to do about it)*, Singularity University Book/Diversion Books. Disponível em: <http://www.exponentialorganisationsbook.com/>. Acesso em: 7 dez. 2016.

PENSE simples

de serviços, como restaurantes e supermercados], que conta com meio milhão de colaboradores que precisam só de um smartphone, nos dá um exemplo de como esse novo mundo do trabalho funciona. Quando a Procter & Gamble [multinacional de bens de consumo, dona das marcas Pampers e Gillette] precisa saber como posicionar seu merchandise no Walmart ao redor do mundo, ela pode usar o Gigwalk para que milhares de pessoas, que receberão alguns dólares para isso, entrem num Walmart e avaliem as prateleiras. Os resultados aparecem em uma hora. Antigamente, ter um número alto de funcionários diferenciava o seu empreendimento e permitia que você entregasse mais resultados. Hoje, esse mesmo número alto de funcionários pode se tornar uma âncora que reduz a sua margem de manobra e desacelera seu negócio."

2. **Comunidade e multidão**

"Você precisa ter uma liderança forte para gerenciar a comunidade porque, embora essas pessoas não sejam seus empregados, elas precisam ter responsabilidades e precisam ser responsabilizadas pelo seu desempenho. A EXOS [companhia que tem como objetivo melhorar a performance das pessoas em várias frentes, como esporte, carreira e educação] está alavancando a comunidade e a multidão para muitas funções que antes eram tratadas tradicionalmente dentro da empresa, como geração de ideias, financiamento, design, distribuição, marketing e vendas. Essa mudança é poderosa e tem

> pare de pensar e execute – não se prenda tanto a projeções do futuro

a ver com o que o professor universitário e guru das redes sociais Clay Shirky nomeia como excedente cognitivo. 'O mundo tem mais de 1 trilhão de horas por ano de tempo livre para se comprometer com projetos compartilhados', disse ele em uma recente conferência do TED (Technology, Entertainment, Design; em português: Tecnologia, Entretenimento, Design). E isso é o que acontece hoje. Em 2020, quando outros 3 bilhões de mentes, usando tablets baratos, juntarem-se aos 2 bilhões de mentes que já estão on-line, os trilhões de horas a que Shirky se referia vão triplicar."

3. Algoritmos

"Hoje, o mundo já roda bem usando os algoritmos. Do freio antibloqueio dos carros às resenhas de recomendação da Amazon; dos preços dinâmicos das companhias aéreas aos próximos sucessos de Hollywood; do sistema antifraude da fatura do cartão de crédito aos 2% dos posts que o Facebook mostra aos usuários comuns, os algoritmos estão por toda parte na vida moderna. 'Machine Learning' [ou aprendizagem automática] é a capacidade de executar com precisão tarefas novas e invisíveis – construídas com base em conhecimentos que surgem através da prática ou do uso de dados anteriores – e que são baseadas na previsão. 'Deep Learning' [ou aprendizagem profunda] é um novo e emocionante subconjunto do 'Machine Learning' e se baseia em tecnologia de redes neurais. Ele permite que uma máquina descubra novos padrões sem ser exposta a dados históricos ou de treinamento.
Da mesma forma que hoje não podemos mais lidar com as complexidades do controle de tráfego aéreo ou da gestão da cadeia de

PENSE simples

suprimentos sem usar os algoritmos, quase todas as ideias de negócios e decisões do futuro serão impulsionadas por dados.

A inteligência artificial e os algoritmos vão compensar ou diminuir muitas das seguintes heurísticas da cognição humana:

• **Propensão à ancoragem:** tendência a se prender (ou ancorar) em um traço ou pedaço de informação para tomar decisões.

• **Propensão à disponibilidade:** tendência a superestimar a probabilidade de eventos com mais 'disponibilidade' na sua memória, o que pode ser influenciado por quão recente uma memória se mostra ou por quão incomum (ou emocionalmente carregada) a memória é.

• **Propensão à confirmação:** tendência a procurar, interpretar, focar ou lembrar informações que confirmem as suas concepções preconcebidas.

• **Propensão à fragmentação:** tirar conclusões diferentes das mesmas informações, dependendo de como ou por quem essas informações são apresentadas.

• **Propensão ao otimismo:** tendência a ser otimista demais, superestimando resultados favoráveis e agradáveis.

• **Propensão à falácia do planejamento:** tendência a superestimar os benefícios e subestimar os custos e os tempos de conclusão das tarefas.

• **Aversão à perda:** quando a 'desutilidade' de desistir de um objeto é maior do que a utilidade de adquiri-lo.[2]"

---

[2] Lista completa disponível em: <http://en.wikipedia.org/wiki/List_of_cognitive_biases>. Acesso em: 7 dez. 2016.

4. Ativos alavancados

"Recentemente, tem havido uma tendência acelerada à terceirização, algo que chega até os ativos estratégicos. A não propriedade, então, é a chave para entender o futuro – exceto, é claro, quando se trata de ativos escassos. A Tesla [que produz carros elétricos] e a Amazon têm seus próprios depósitos, e isso faz sentido para esse tipo de negócio. Quando o ativo em questão é raro ou extremamente escasso, a propriedade é uma opção melhor, mas se o seu ativo é baseado na informação ou é uma commodity, então ter o acesso é melhor do que possui-lo."

5. Engajamento

"Quando é corretamente implantado, o engajamento cria efeitos em rede e ondas de feedback positivo com alcance extraordinário. Hoje, mais de 700 milhões de pessoas ao redor do mundo jogam games on-line e se engajam neles. Há jogos como MalariaSpot (que usa imagens reais para criar uma caçada ao mosquito da malária), Galaxy Zoo (classificação das galáxias de acordo com seus formatos) e Foldit (que ajuda bioquímicos a combater a Aids e outras doenças por meio da construção de modelos proteicos)."

mais execução, menos planejamento

Ter tudo isso na cabeça é importante para começar a empreender, mas não se prenda tanto a teorias e planejamento. Se eu tivesse me prendido a um business plan, não teria tido a coragem (e a cara de pau, admito) de viajar para Londres e vender uma ideia de empresa de um mercado que eu nem

PENSE simples

conhecia a fundo. Naquele momento, eu tinha um insight e muita, mas muita mesmo, vontade de fazer a coisa dar certo. É claro que só vontade não adianta no longo prazo, mas essa ânsia pela execução é o motor do empreendedorismo. E você deve ter percebido isso nas histórias de empreendedorismo que compartilhei até agora: todos esses empreendedores tiveram uma ideia e logo colocaram a mão na massa. Não ficaram sentados montando um plano mirabolante. Eles foram lá e executaram.

Isso só acontece por causa da época em que estamos vivendo – sei que já bati nessa tecla, mas é algo realmente importante entender os tempos atuais para empreender. Hoje, executar é barato e planejar é caro. Não acredita? Bem, então imagine o seguinte cenário: você tem uma ideia hoje. Você faz o exercício que eu propus ao longo deste capítulo e descobre que a sua ideia é promissora, que a sua inquietação é compartilhada por mais pessoas e que seu insight é escalável. Então, você leva seis meses desenvolvendo um plano de negócios altamente detalhado, com todos os prós e contras do empreendimento, com todos os riscos, com toda a projeção de futuro. E aí você descobre que nesse meio-tempo a sua ideia foi "roubada" por outro empreendedor que a tirou do papel mais depressa que você. A solução, agora, é ter outra ideia, o que pode levar mais alguns meses para acontecer. Só nessa, você perdeu um ano – de tempo e de dinheiro. Mesmo que ninguém tenha tido o mesmo insight e o executado mais depressa que você, há outro risco: o de notar, seis meses depois, que tudo o que você planejou não faz mais nenhum sentido, o que é completamente natural. Afinal, estamos em um mundo que muda rapidamente – lembra-se dos ciclos mais curtos sobre os quais comentei no Capítulo 1? Pois bem. Esses ciclos podem prejudicar um negócio que demora tempo demais para sair do papel se você ficar apenas planejando o futuro. Quando nos prendemos a previsões, corremos um alto risco de nos dar mal – e essas previsões podem até ser de grandes empresas de pesquisa, não importa. A Gartner, uma grande e famosa consultoria especializada em tecnologia, fez algumas análises futuras totalmente equivocadas. Em 2011, por exemplo, eles disseram que, em 2015, a Nokia seria a número dois do mercado de smartphones, com presença em 19,5% do mercado, batendo o iPhone da Apple. Totalmente errado! Naquele ano, a Nokia tinha apenas 2,9% do mercado.[3] Previsões erradas da Gartner também atrasaram a entrada da AT&T, multinacional de telecomunicações, no mercado norte-americano de celulares. E disseram, em 2004, que a IBM e a HP não teriam mais espaço no mercado de computadores, que apenas a Dell continuaria crescendo – outra previsão falha.[4] Até a IBM errou ao imaginar, em 1959, que a Xerox não iria para a frente porque o potencial do mercado de fotocópias era baixo demais...

Por isso, arrisque. Pare de pensar e execute – não se prenda tanto a projeções do futuro, pois elas podem estar muito erradas. Se você se concentrar em resolver um pequeno problema e propor uma solução simples, não precisará de tantos planos. O que precisará é de coragem para fazer. Se der certo, você vai ajustando a rota ao longo do processo de crescimento da sua empresa – algo que vou explicar como fazer nas próximas páginas.

Agora, o que impede as pessoas de tentar, de empreender, de arriscar? Muitas vezes é o medo do fracasso, o pavor do erro; mas a alta velocidade do mundo em que vivemos também é totalmente positiva para o fracasso. Sabe por quê? Porque estimula que os empreendedores errem depressa – algo

---

3 Disponível em: <https://www.engadget.com/2015/01/05/in-2011-gartner-made-this-hilarious-prediction-about-the-iphone>. Acesso em: 7 dez. 2016.
4 Disponível em: <http://www.zdnet.com/article/why-does-the-it-industry-continue-to-listen-to-gartner/>. Acesso em: 7 dez. 2016.

PENSE simples

que os norte-americanos, mestres no empreendedorismo e na inovação, sempre dizem para fazer. Por lá, eles repetem a máxima "erre depressa e aprenda depressa" para todo mundo que quer abrir um novo negócio. Para isso, é preciso treinar o nosso cérebro. Afinal, a nossa mente tem muita dificuldade em imaginar um futuro diferente do que vivemos hoje, e, por isso, a maioria das pessoas imagina o futuro como uma continuação do passado. Esse é o problema do planejamento, que sempre é feito olhando para o passado: as empresas e as pessoas projetam o futuro com base no histórico passado. A única maneira de criar um futuro diferente do que vivemos hoje é através de experimentação, usando o seu desapontamento com o presente para criar algo disruptivo no futuro, como mostra o diagrama a seguir:

Então, não tenha medo. Vá lá, execute e erre se tiver de errar. Só não fique empacado com o erro – já parta para outra. Nada impede você de começar. Nem de mudar de direção. Eu mesmo errei várias vezes ao longo da minha trajetória no empreendedorismo. O que me salvou foi notar que eu estava indo em uma direção que me prejudicaria e que ou

gustavo caetano

três motivos para planejar menos e executar mais

1. **O mundo de hoje é veloz.** *Quem fica planejando demais pode ter um plano ultrapassado quando chega a hora de tirar a ideia do papel.*
2. **Sua ideia não é única.** *Como você, outras pessoas podem ter tido a mesma solução para resolver um problema. Só se destaca quem é mais rápido ao implantá-la.*
3. **Executar é barato.** *Com um investimento baixo é possível começar a tirar a ideia do papel – os fundadores do Airbnb só precisaram de três colchões e de um blog gratuito para começar a start-up que hoje vale bilhões de dólares.*

eu mudava de rumo, ou colocava tudo a perder – vou contar essas histórias nas próximas páginas. E isso acontece com todos os empreendedores que conseguem sustentar seus negócios. Eles sabem que, se começarem algo, existe o risco de errar, mas, ao mesmo tempo, sabem que existe a oportunidade de mudar o caminho com uma velocidade incrível – isso não era possível na época da indústria do meu avô, mas é possível agora. Então, aproveite. Pare de se esconder atrás de um plano. Encare a realidade e execute. Nada impede você de mudar de direção caso seja necessário. E isso só vai fortalecê-lo como empreendedor.

COM A CARA E A CORAGEM

Nesse vídeo, eu explico como tive coragem de voar para Londres e vender a minha ideia de negócio sem saber, a fundo, se o mercado de games para celular do Brasil estava pronto para a novidade que eu queria introduzir.

como validar

Fonte: revista *Harvard Business Review*.

suas ideias

4

a lógica da simplicidade

Dê uma olhada em volta. Pense nos empreendedores que você conhece, pode ser um famosão da internet que desenvolveu um aplicativo sensacional, um senhor que tem uma banquinha de frutas no seu bairro ou uma dentista que acabou de abrir um consultório perto da sua casa. O que todos têm em comum? Eles ganham dinheiro resolvendo os problemas de outras pessoas. E aí não importa o tamanho do problema. Se alguém precisa fazer um suco de laranja e está sem a fruta em casa, o senhor da banquinha é quem vai resolver esse problema. É algo pequeno, mas que não pode ser desprezado. Por isso, como comentei no capítulo anterior, abra os seus olhos para o que o incomoda – é aí que estará um problema para ser resolvido. E abra os olhos, também, para o que pode ser um problema de outra pessoa – é aí que você pode ter uma ideia inovadora.

Foi meio assim que aconteceu comigo em todas as vezes que pensei em novas soluções para a minha empresa – como contei, tudo começou por um problema simples: não achar joguinhos de celular para baixar! Quer problema mais bobo do que esse? Contudo, nenhum problema é bobo ou pequeno quando você tem uma boa sacada para solucioná-lo. Por isso, não jogue suas soluções no lixo. Se elas surgiram, é porque

PENSE simples

> é importante fazer uma revisão da sua visão de mundo e de negócios

servem para resolver alguma coisa que é importante para alguém. Não importa o que seja! Tem uma empresa que lançou um produto para bloquear o mau cheiro que fica no banheiro por causa do "número dois". Parece um problema banal — e constrangedor — demais para ter uma solução boa, mas isso não impediu que os amigos Renato Radomysler e Rafael Nasser investissem na criação no FreeCô, um spray feito com óleos naturais que impede que o cheirinho desagradável tome conta do ambiente. A empresa foi aberta bem no meio da crise, em 2015, e, em um ano, eles dobraram o valor do investimento e faturaram 4 milhões de reais. Viu? Não tem problema bobo ou pequeno. Tem solução boa e muito lucrativa para todos os problemas. O importante é ficar com os olhos — e o nariz, no caso do pessoal da FreeCô — bem abertos e resolver um problema real, que está aí, e com o qual ninguém consegue lidar.

Quando eu tive de fechar a Samba Mobile por causa da mudança nas regras do mercado de games para celular (algo que vou contar para você em detalhes em outro capítulo), comecei a pensar em quais problemas eu poderia solucionar usando a tecnologia que a empresa já tinha desenvolvido. Naquele momento, nós tínhamos uma plataforma para rodar os games na internet e sabíamos ser um agregador de conteúdo. Ao mesmo tempo, o que surgia era o YouTube e os vídeos na internet começavam a bombar — não estávamos nem perto do que a coisa se tornaria hoje, com youtubers e tudo o mais, só que eu enxerguei uma

gustavo caetano

oportunidade de resolução de problemas. Achei que algumas empresas poderiam querer hospedar seus vídeos em outros ambientes que não o do YouTube, principalmente as companhias de televisão, que não iam querer deixar seu conteúdo disponível numa plataforma tão universal. Com essa ideia na cabeça, comecei a conversar com um monte de gente da mídia, para entender se havia alguma coisa que eu podia mesmo fazer. Como diz um grande mentor meu, o Edson Bueno, fundador da Amil, tubarão que nada em lago morre. E eu não ia ficar batendo a minha cabeça na borda do laguinho, não. Se eu quisesse sobreviver, tinha de achar um lugar maior para nadar. Para isso, não havia solução melhor do que conversar com o pessoal que entendia do negócio de mídia.

Então, estava eu um dia numa reunião com um diretor da Globo, em São Paulo. Conversa vai, conversa vem, e eu reparei que tinha um monte de fitas Betamax em cima da mesa dele. Bom mineiro que sou, perguntei: "O que é esse trem?". A resposta dele me mostrou um ótimo problema a ser solucionado. Ele me disse que aquele monte de fitas era de comerciais de TV que já estavam aprovados pelas produtoras e que, para chegar até a Globo, tinham de ser transformados em fitas, para depois serem digitalizados. Só assim os motoboys conseguiam transportar o negócio. Coisa de doido, né? A sequência era digital/analógico/digital só porque eles não tinham como transportar os comerciais das produtoras para as televisões. Depois que o diretor me explicou o processo, eu fiz outra pergunta: "Por que vocês trabalham desse jeito?". E a resposta foi: "Porque sempre foi feito assim". Aí, pronto! Eu fiquei inconformado e incomodado com aquele processo pouco inteligente e comecei a pensar em alguma solução para aquele problema que ninguém tinha percebido antes – e

PENSE simples

olha que aquele monte de fitas estava ali, na cara de todo mundo, ocupando espaço para caramba. Pensando, percebi que a solução de vídeos da Samba, algo que vou detalhar mais para a frente aqui no livro, poderia servir para resolver esse problema e otimizar um processo que era pouco produtivo em todas as emissoras de TV do país. Assim nasceu, em 2012, a Adstream Samba, uma Joint Venture com a Adstream, a maior empresa do mercado. Nós fazíamos todo o procedimento de envio das propagandas digitalmente das agências para as emissoras e, em 2013, a empresa foi vendida 100% para a Adstream. Tudo isso a partir de um problema que estava ali, na cara de todo mundo, para qualquer um ver e pensar numa solução. Tudo o que eu fiz foi identificar uma oportunidade que surgiu com base em uma simples observação.

saia do seu lago

O que diferencia os empreendedores é esse olhar afiado. Não pense, porém, que ter essa capacidade é coisa para super-herói. Eu pareço um super-herói para você? Não, né? Desenvolver essa competência é apenas uma questão de treino, de se abrir para o novo, de conversar com pessoas que têm visões diferentes da sua. Eu faço muito esse exercício. Uma vez, o Edson Bueno, fundador da Amil, me disse que sardinha só nada com sardinha e tubarão só nada com tubarão. Por isso, comecei a ir atrás dos tubarões. E eles são muito mais acessíveis do que você imagina. Se tem uma boa ideia e uma boa abordagem, vão receber você para prosear. Porque, para esses caras, conhecer outras pessoas é uma forma de oxigenar as ideias e de trocar experiências que serão sempre enriquecedoras. Por isso, saia do seu mundinho e comece a expandir seus pensamentos, senão o seu negócio não vai vingar. Se você achar que tem todas as respostas ou que está totalmente certo sobre uma suposição, vai se dar mal. Foi isso o que o professor da Harvard Business School, Clayton M. Christensen, descobriu em uma pesquisa. Ele queria entender por que 95% dos 30 mil produtos lançados anualmente nos Estados Unidos não vingavam. Para isso, foi desvendar como as áreas de marketing trabalhavam e notou que elas segmentavam demais os seus potenciais consumidores. Algo que, na prática, não era o que ocorria. As pessoas que consumiam costumavam fugir do padrão preestabelecido. Só que as empresas têm uma tremenda dificuldade em aceitar que não podem definir exatamente quem é seu consumidor e ficam olhando dentro dessas caixinhas padronizadas. O professor Christensen disse, em um artigo na *Harvard Business Review*, que "a maioria das empresas já está organizada em torno de categorias de produtos ou categorias de clientes, e, portanto, as pessoas só veem as oportunidades dentro desse pequeno quadro. O que acontece é que você tem de pensar dentro de uma categoria, em vez de sair dela". E por que as empresas mantêm esse comportamento por tantos anos, mesmo que ele não dê resultados tão bons? Porque sempre fizeram assim! E por que sempre fizeram assim? Porque não conversaram com pessoas diferentes, não tiveram vivências diferentes, não ousaram pensar de outro modo e ficaram dando murro em ponta de faca. (Uma mensagem que eu quero passar aqui é a de que as pessoas têm medo de experimentar coisas diferentes por dois motivos: 1) têm preconceitos mentais que fazem com que a maioria das ideias pareça idiota ou sem sentido; e 2) consideram a falha algo grave demais.)

PENSE simples

No entanto, quando você vem de outro universo, consegue enxergar uma oportunidade de melhoria que aquelas pessoas que estão tão imersas no dia a dia do trabalho não conseguem notar. Foi assim comigo e com as fitas das televisões. Eu só vi que ali existia uma boa chance de fazer negócio porque a minha visão era mais cristalina do que a visão dos milhares de funcionários de empresas de televisão que, presos no "a gente sempre fez assim", não conseguiam notar que havia uma oportunidade de fazer melhor. Eles não conseguiam notar não porque fossem displicentes ou coisa assim, mas porque tinham um olhar viciado. E o olhar de qualquer um pode estar viciado — incluindo o seu e o meu. Por isso é importante fazer uma revisão da sua visão de mundo e de negócios. Isso só acontece quando você se abre para o novo, quando entende que uma prosa e um café com qualquer pessoa pode ajudá-lo a enxergar oportunidades, encontrar problemas para serem resolvidos e experimentar coisas diferentes.

detox do olhar

Agora, como é que a gente começa a ver os problemas para serem resolvidos? Além da boa e velha prosa, há algumas atitudes que ajudam a gente a clarear as ideias. Uma coisa importante é pesquisar aquele mercado, produto ou serviço que está parecendo promissor. Lembra quando contei que eu pesquisei tudo o que pude sobre o mercado de games para celular no Brasil antes de ir conversar com o pessoal de Londres? Pois é, tem de fazer uma pesquisa prévia — sem se prender tanto à teoria, como já expliquei no capítulo anterior, mas essa pesquisa é um começo, um mapa que vai ajudar a guiar seu olhar.

gustavo caetano

Enquanto você está procurando informações para organizar o seu caminho, faça, paralelamente, algo oposto: deixe sua cabeça divagar e abrace o caos em um exercício de brainstorming. Quanto mais livre você deixa seu cérebro, mais criativo vai ser. Nessa hora, não tem certo ou errado, e o que vale é pensar livremente, sem medo de errar ou de parecer absurdo. Quanto mais loucamente você pensar, mais criativo será — mesmo que tenha ideias contraditórias! Isso, aliás, segundo os neurocientistas, é uma das chaves para o pensamento criativo, já que, quando temos um pensamento contraditório, nosso cérebro fica desorganizado, e, quanto mais desorganizado, maior a chance de surgir um insight ou uma boa ideia.

> o que diferencia os empreendedores é esse olhar afiado

Depois dessa bagunça mental, é hora de arrumar as coisas em busca da ideia que é melhor para você. Por isso, faça um exercício de reflexão e entenda quais são seus pontos fortes, o que pode oferecer, o que gosta de fazer — e como você pode unir suas competências ao que gosta. O tal do propósito, lembra? Não adianta nada ter uma ideia incrível de algo que você detesta fazer — ninguém consegue trabalhar por muito tempo com aquilo que odeia. Após essas etapas, é importantíssimo fazer a si mesmo uma pergunta: o problema que eu quero/posso resolver é real? Pode parecer uma questão boba, mas é ela que vai definir se o seu negócio será bem ou malsucedido.

PENSE simples

encontre problemas reais – para você e para os outros

Uma vez li, no site *Meu sucesso*, do meu amigo e grande empreendedor Flávio Augusto, uma reportagem com uma entrevista da Caroline Piguin, da Aceleratech, uma aceleradora de start-ups bem importante. Ela disse algo que todo empreendedor precisa colocar na cabeça quando começa a pensar sobre inovação e resolução de problemas: "Vemos diariamente aqui na Aceleratech ideias de negócio que se adéquam somente aos interesses dos fundadores, e não soluções replicáveis para diversos públicos. É claro que é essencial trabalhar com algo que você ama e que lhe traz realizações, mas nós sempre falamos aqui na Aceleratech que você tem de saber se você gosta de empreender ou se você gosta da sua ideia. E isso é essencial. Quanto maior o problema (e o número de pessoas que o tenham), mais sucesso vai fazer sua start-up. Então, esse é um ponto que você deve ter na ponta da língua, tanto no seu discurso para clientes quanto para investidores."

O que a Caroline quer dizer é que o problema que você identificou não pode ser algo apenas seu. Tem de ser representativo para um mercado específico. E tudo bem se for algo realmente inovador. Como já comentei, o consumidor do mundo contemporâneo está disposto a experimentar alguma coisa – desde que aquilo faça sentido para um grupo de pessoas. Quando a coisa faz sentido, o negócio cresce por si só, sem nem precisar fazer propaganda no horário nobre da televisão. Ou por acaso você já viu o WhatsApp fazendo propaganda por aí? É claro que não! O negócio deu certo porque o fundador identificou um problema real das pessoas que usavam celular com conexão à internet: não ter um aplicativo prático, gratuito e sem propagandas para se comunicar. Foi por causa desse problema que Jan Koum, ucraniano filho de um mestre de obras e de uma dona de casa que, durante a infância, tinha de sobreviver trocando cupons por alimentos e não tinha nem água quente em casa, resolveu criar um aplicativo. Ele sabia que milhares de pessoas detestavam a avalanche de publicidade de vários aplicativos e sites e, por isso, iam se beneficiar com uma tecnologia que fosse livre dessas coisas. Era o incômodo dele, mas era, também, um incômodo geral. Aí é que está o pulo do gato: o seu incômodo só vai virar um negócio de sucesso quando incomodar muita gente – que nem a música do elefantinho. O WhatsApp foi lançado em 2009 e, em quatro anos, já tinha 145 milhões de usuários e foi comprado pelo Facebook por 22 bilhões de dólares. Por que deu tão certo? Porque o problema era real e porque os usuários estavam dispostos a testar novas tecnologias.

Outra empresa que está resolvendo um problema muito real é a Uber. Quem imaginaria, anos atrás, que a gente poderia ter um tipo de "motorista particular" usando só um aplicativo de celular? Quase ninguém, mas todo mundo precisa de um motorista em vários momentos da vida. Mais do que isso, qualquer um precisa de um motorista quando pagar por ele é muito barato. O problema que a Uber resolve é geral: a dificuldade da mobilidade urbana. Tudo começou porque os fundadores da Uber, Travis Kalanick e Garrett Camp, não conseguiam de jeito nenhum encontrar um táxi em uma tarde de neve em Paris, em 2008. Ficaram lá, congelando de frio e sem conseguir sair do lugar, até aparecer um taxista. Enquanto esperavam, tiveram uma ideia que poderia parecer muito louca: "E se a gente conseguisse um carro só apertando um botão no celular?". Não conseguir táxi em momentos de muita demanda era um problema real que atingia qualquer pessoa em qualquer lugar do planeta – ou vai dizer

PENSE simples

que você nunca ficou preso tentando caçar um táxi na rua depois de uma das nossas tempestades de verão? E solucionar o problema pedindo um carro por um botão no celular era uma solução mais do que plausível. O pulo do gato da Uber foi apostar na economia colaborativa – quando pessoas se unem para prestar serviços umas às outras –, algo cada vez mais comum no mundo em que a gente vive, e criar uma rede de motoristas dispostos a usar o aplicativo para ganhar um dinheiro extra. Funcionou. E funcionou porque a Uber ajuda a resolver dois problemas bem reais: o das pessoas que precisam de um carro para se locomover na cidade e o das pessoas que precisam de uma grana a mais para fechar o mês no azul. Hoje, a Uber está presente em 533 cidades no mundo todo e vale 62,5 bilhões de dólares – mais do que a Petrobras! Tudo porque os caras ficaram presos na neve, procurando um táxi. Então, não negligencie um problema. Se ele for real, vai ter muita gente sedenta para usar a solução que você imaginou – mesmo que essas pessoas não façam ideia de quem você é e não conheçam, em um primeiro momento, a marca da sua empresa. Companhias como WhatsApp e Uber surgiram por existir uma demanda que ninguém solucionava e cresceram sem precisar fazer propaganda na TV porque o consumidor está realmente aberto a experimentar – desde que o que você oferece faça sentido para a necessidade daquele público.

UMA FITA NÃO É SÓ UMA FITA

Acesse o vídeo em que eu conto a história da fita Betamax que me deu uma ótima ideia de oportunidade de negócio e em que eu explico como você também pode achar um jeito de empreender resolvendo bons problemas.

problemas e soluções

Conheça cinco problemas muito reais que foram resolvidos por empresas que fazem sucesso no empreendedorismo.

1 CARA, CADÊ MEU CARRO?
O problema: A falta de táxis na rua.
A solução: Criar um aplicativo que conectasse motoristas de carros particulares a usuários de táxis nas grandes cidades.
A empresa: Uber

2 SEM CHEIRINHO
O problema: O cheiro ruim que fica no banheiro depois de usar o vaso sanitário.
A solução: Desenvolver um bloqueador de odores que impeça o cheirinho de se espalhar pelo ambiente.
A empresa: FreeCô

3 TODO MUNDO PODE VOAR
O problema: A falta de passagens aéreas baratas no país.
A solução: Criar uma companhia aérea mais acessível, com aeronaves padronizadas e sem serviço de bordo.
A empresa: Gol

4 IMAGEM E AÇÃO
O problema: A dificuldade de conseguir fotografar atividades em movimento sem borrar as imagens.
A solução: Criar uma câmera que tivesse a tecnologia para registrar esses momentos da melhor maneira possível.
A empresa: GoPro

5 COLA FÁCIL
O problema: Não existir uma fita adesiva que fosse fácil de ser colada e retirada dos lugares.
A solução: Criar uma cola específica para ser colada e descolada e que ficasse atrás de um pedacinho de papel, podendo ser usado como lembrete – o bom e velho Post-it.
A empresa: 3M

exercício

organize suas ideias

Use o quadro abaixo para começar a colocar as suas ideias no papel.

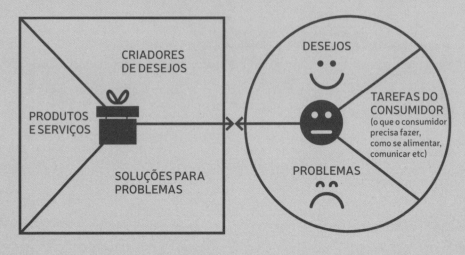

Fonte: http://www.expressiveproductdesign.com/value-proposition-canvas/. Acesso em: 7 dez. 2016.

84

5

peça ajuda

Sabe qual é uma das características mais importantes dos empreendedores? A humildade. É só com a humildade que você vai conseguir enxergar os pontos fracos da sua ideia, os seus pontos fracos e entender que, muitas vezes, você terá de pedir ajuda se quiser fazer com que o seu negócio siga adiante. Várias vezes eu me vi em situações em que precisei perguntar para outras pessoas como é que eu resolveria aquele negócio que estava me tirando o sono. Quando eu comecei a montar a Samba, por exemplo, tive de convencer um amigo a tocar a parte financeira da empresa, que não era (e continua não sendo) a minha especialidade. Se eu não tivesse o apoio dele nessa área, não teria conseguido arrumar fluxo de caixa e fazer projeções financeiras. E se não fosse um japa que manja tudo de programação que desenvolveu o primeiro sistema de vídeos da Samba, a empresa não teria chegado aonde chegou. Eu sabia que eu era bom de conversa, de marketing e de sacadas sobre o futuro, mas que era ruim de planejamento financeiro e desenvolvimento de sistemas. Então, em vez de brigar com as minhas fraquezas e teimar que eu conseguiria fazer aquilo que não tenho tanto talento, preferi me cercar de pessoas que complementassem as minhas competências. Afinal, eu não sou um super-herói, que não precisa da

PENSE simples

ajuda de ninguém para salvar o mundo. Sou só um cara que está tentando empreender. E, para chegar perto do sucesso, preciso de outras pessoas que me ajudem com aquilo que eu não sei. Juntos, unimos forças e cada um atua o melhor que pode dentro da própria especialidade. Para que ser só um super-herói se você pode fazer parte de uma equipe de heróis? Muito mais legal ser um X-Men do que sofrer sozinho como o Homem-Aranha.

Eu até entendo por que tantos empreendedores se sentem relutantes em pedir ajuda. Existe um sentimento de que mostrar a ignorância sobre alguma coisa é vergonhoso. Ou, então, a sensação de que pedir ajuda é um incômodo para a outra pessoa. Ou, ainda, o medo de pedir alguma coisa e ouvir um não como resposta. Todos esses são sentimentos compreensíveis, ainda mais para quem está começando, mas eles só ficam puxando a gente para baixo. Dificultam o crescimento dos negócios e impedem que pessoas importantes entrem em nossa vida – pessoas que podem, com suas competências pessoais, resolver pepinos que a gente não está conseguindo solucionar sozinho. Relutar assim é um baita tempo perdido! Por isso, comece a ser mais cara de pau e entenda que, se você não sabe a resposta para alguma questão, certamente alguém sabe e poderá ajudá-lo com isso.

Foi o que aconteceu com o empreendedor Alexandre Costa. Quando ele tinha só 17 anos, precisava ajudar a aumentar a renda da família e, para isso, vendia chocolate de porta em porta. Um dia, perto da Páscoa de 1988, ele recebeu a maior encomenda da sua vida: fabricar 2 mil ovos de chocolate. Só que tinha um problema. Os ovos precisavam pesar 50 gramas cada um. E a fábrica da qual Alexandre comprava seus doces não ia conseguir fazer uma entrega tão grande e tão específica. Como ele não sabia fazer chocolate – só sabia vender –, teve de ir atrás de ajuda. Bateu à porta de vinte distribuidores de chocolates e varejistas e só ouvia respostas negativas. Até que encontrou uma senhora que fazia chocolates artesanais e que topou o desafio de entregar a encomenda em apenas três dias. Assim nascia a Cacau Show, que, hoje, é uma das maiores fabricantes de chocolates do Brasil, com franquias espalhadas pelo país inteiro.

Viu? Não há demérito nenhum em pedir ajuda, pelo contrário. E tem até pesquisa que comprova isso. Uma delas foi feita pela Xero, empresa que fornece softwares de tecnologia, com mais de dois mil empreendedores e ex-empreendedores residentes nos Estados Unidos e no Reino Unido. Os pesquisadores descobriram que um terço dos empreendedores bem-sucedidos sabem que não têm todas as respostas e que precisam pedir ajuda para resolver problemas, seja conversando com a família, com amigos seja com mentores. Esse número cai para 14% entre os empreendedores que tiveram de fechar seus negócios. O presidente da Xero nos Estados Unidos, Russ Fujioka, disse algo bem interessante para explicar esse resultado: "Tanto faz se é para conseguir mais conhecimentos ou para desabafar, ter um grupo de suporte pode prevenir não apenas a sensação de solidão, mas também ajudá-lo a ter um brainstorming que o levará resolução de um problema e a compartilhar conselhos sobre como é a melhor maneira de tocar o seu negócio".

nadando com os tubarões

Realmente, ter esse grupo de conselheiros com os quais você pode contar em qualquer momento de desespero, tensão ou mudança de direção ajuda demais a tomar boas decisões. Eu, por exemplo, tenho um time de conselheiros que aciono sempre que estou em momentos delicados ou

PENSE simples

quando preciso oxigenar as ideias. São pessoas de vários mercados, gente mais experiente do que eu, que tem muita coisa a ensinar e que, muitas vezes, não é acionada pelos jovens empreendedores, que se acham o máximo e não conseguem enxergar valor na bagagem desses caras. Pior para quem pensa assim. Eu penso de modo diferente. Acho que, quanto mais gente boa tem em torno de você, melhor você será — e consequentemente, melhor será a sua empresa. Eu nem acredito quando penso que lá no board da Samba estão nomes como Henrique Mascarenhas, fundador da RM Sistemas (vendida para TOTVS), Marcos Rosset, antigo CEO da Walt Disney Brasil, Ivan de Moura Campos, fundador da Akwan (vendida para o Google), e José Augusto Schincariol, ex-membro do Conselho de Administração da Cervejaria Schincariol. Nada de molecada, que já tem molecada demais na empresa. Dá para perceber que cada um vem de uma indústria diferente, né? É porque eu acho que, quanto mais experiências distintas você tiver, mais rica fica a conversa. Com esses caras, eu aprendo o tempo todo e, além de fazer perguntas, sou constantemente questionado — o que é muito legal! Se você fica andando só com pessoas menores do que você, você começa a se achar *"o Cara"*. Você é só uma sardinha, mas, como está nadando no meio de um monte de manjubinhas, parece o maioral. Agora, quando você começa a nadar entre os tubarões, percebe que tem de "comer muito tutu de feijão" para chegar ao patamar daquelas pessoas. Isso é ótimo porque os tubarões só puxam a gente para cima e nos ajudam a encontrar atalhos de empreendedorismo e de decisões de negócios. Afinal, já passaram por coisas que eu ainda nem imagino que vou passar. Se você, porém, não tem a humildade de ir lá pedir conselhos para quem é maior do que você, se fica só no seu mundinho achando que não vão existir dificuldades pelo caminho, que tudo é lindo e que os negócios serão fechados só porque você é simpático, está perdido. Essas pessoas experientes lhe dão um ótimo choque de realidade – um remédio que na hora é bem amargo, mas que a nossa geração precisa tomar várias vezes ao mês para não ficar se achando o máximo.

> se você não sabe a resposta para alguma questão, alguém sabe e poderá te ajudar

Atualmente, ter esse board de conselheiros com os quais posso contar para pedir ajuda está sendo extremamente importante. Isso porque a Samba está em um processo de expansão para os Estados Unidos e estou estruturando um escritório lá que será focado na produção de conteúdo corporativo – uma ideia, aliás, que partiu novamente de uma conversa. Eu estava proseando com o presidente da Oracle no Brasil, Cyro Diehl, e ele me disse que era muito difícil gravar vídeos para a comunicação interna na empresa, que demorava demais para filmar, editar e colocar no ar. E aí eu pensei: e se as empresas pudessem ter uma tecnologia tipo Snapchat para a comunicação interna? A ideia era desenvolver um aplicativo que pudesse ser usado no dia a dia pelo celular, por qualquer um e que ficasse pronto rapidinho para ir ao ar. Essa ideia só apareceu porque eu fui procurar o Cyro para pedir ajuda sobre outras questões da Samba. Ele estava aberto a ajudar e eu, a ouvir. Dessa via de mão dupla apareceu mais um insight de negócio que vai ajudar a Samba a ir de BH para o mundo.

Por isso, não tenha medo de expor seus problemas para pessoas que são mais experientes ou bem-sucedidas do que você. Se elas estiverem conectadas com o seu propósito, vão querer ajudar, seja com um conselho, com um

PENSE simples

> o cliente é a sua inspiração constante. pense nele o tempo todo

contato, seja com uma troca de experiências. Outra prática muito enriquecedora que existe na Samba é uma parceria estratégica com o laboratório de empreendedorismo global do MIT um programa que manda um time de estudantes de mestrado do MIT para resolver problemas de quarenta start-ups espalhadas pelo mundo. E a Samba é uma delas. Os gringos vêm para BH e ficam aqui ajudando a resolver uma questão da empresa ou a implementar uma inovação. Já veio gente para pensar sobre a estratégia do futuro da Samba e para melhorar o posicionamento de comunicação da empresa no mercado. Só gente boa, de empresas como Intel, Facebook, Nike, P&G, Bain and Company, Google, Apple, pessoal de altíssimo nível. Se eu tivesse medo de expor as fraquezas da empresa (e as minhas), não teria aberto as portas para esse povo todo e a companhia não teria chegado aonde chegou. Então, coloque as sandálias da humildade do empreendedorismo e vá atrás de gente que sabe mais do que você – e que pode lhe ensinar. Em 2015, passamos a fazer parte de um programa similar da Universidade de Harvard, que vou detalhar mais para a frente.

aprenda a criar uma rede de contatos

Encontrar pessoas que podem ajudá-lo não é uma tarefa tão difícil assim. O que você precisa fazer é conseguir criar uma boa rede de contatos – ou seja, fazer o tão falado networking. Tem muita gente que sente vontade de sair correndo só de ouvir essa palavra, mas, se você conseguir estabelecer um contato constante com as pessoas certas, seu negócio terá muito mais chances de dar certo. Afinal, como eu já disse, você não precisa ser o sabe-tudo. Só precisa ter o telefone (ou e-mail, ou WhatsApp, ou Facebook) de quem sabe mais do que você sobre aquilo que o está afligindo.

Quero desmistificar algumas coisas com você. Fazer networking não é tirar uma tarde para adicionar aleatoriamente dúzias de pessoas nas suas redes sociais. Não é ir a eventos e distribuir seu cartão para um monte de gente sem nem dar bom-dia. Não é acionar aquela pessoa com quem você não conversa há anos, do nada, porque você está com um problema grave e precisa desesperadamente de ajuda. Fazer networking é uma tarefa constante, que exige dedicação diária e que deve ser encarada com o seguinte pensamento: quantidade não é qualidade. Não dá para ficar se gabando que você tem mais de mil contatos no LinkedIn se nunca fala com 10% daquelas pessoas. Para construir uma rede de contatos eficiente, o primeiro passo é manter a sua presença entre as pessoas que você considera fundamentais para o seu crescimento e o crescimento do seu negócio. E nesse grupo podem estar amigos pessoais, colegas de escola ou de faculdade, professores, antigos chefes... Vale incluir todo mundo que você admira e formar um conselho de profissionais com competências distintas (e idades diferentes também) que podem dar opiniões sobre assuntos diversos e mostrar a você vários pontos de vista. Quando você tem um bom grupo de gente com quem pode contar (uns dez integrantes, vamos supor), existem, na verdade, centenas de pessoas conectadas com você. Porque cada amigo/conselheiro tem outros amigos/conselheiros que podem ser acionados para ajudar você quando for necessário. Se você nutrir uma pequena, mas boa rede de contatos formada de gente competente, está feito: a gente tende a ter ideias tão boas quanto às das pessoas que nos cercam, desde que a gente seja o centro da rede. Foi isso que

PENSE simples

um estudo feito pela Activate Networks, uma consultoria empresarial, revelou. A pesquisa foi baseada nas ideias de Nicholas Christakis, professor de Medicina da Universidade de Harvard, que desenvolveu a teoria de que quando alguém é o centro de uma rede, essa pessoa é influenciada pela saúde, pela inteligência e pelos sentimentos das pessoas que a cercam. O pessoal da Activate Networks, então, pegou essa ideia e aplicou aos negócios. Para isso, analisaram como era o estilo de trabalho dos times de uma empresa de Engenharia que tinham como objetivo principal inovar. E notaram que a qualidade do trabalho não tinha só a ver com a qualidade individual dos profissionais e dos times. As equipes que realmente se destacavam eram as que possuíam bom relacionamento com outras áreas da empresa (independentemente da hierarquia), pois, assim, conseguiam várias informações para solucionar problemas. E essas equipes campeãs, por terem bons relacionamentos na companhia, conseguiam espalhar suas boas ideias e contagiar outros profissionais para que eles também tivessem bons insights sobre inovação. Quer dizer, boas ideias são contagiosas. Por isso, cultive um network só de gente boa. Vou lhe mostrar alguns passos para fazer isso.

Uma vez, estava lendo um artigo de Jim Pulcrano, professor da escola de negócios suíça IMD, sobre a importância do networking para os donos de start-ups. O professor fez uma pesquisa com 644 empreendedores, 10% deles atuando em São Francisco (um dos berços das novas empresas de tecnologia dos Estados Unidos), para entender a correlação entre sucesso e networking e, além disso, para

> você terá de pedir ajuda se quiser fazer com que o seu negócio siga adiante

mapear quais eram as chaves para o networking eficiente. Ele conseguiu mapear seis passos para isso:

1. **O empreendedor precisa focar vários fatores diferentes que levam ao networking.** Não existe um número mínimo de ações importantes que o empreendedor possa focar para aumentar suas possibilidades de sucesso. *Ou seja, fique ligado. O networking pode acontecer em qualquer hora, em qualquer lugar e com qualquer um. Não acontece só no hall chique do hotel que hospeda a convenção de empreendedorismo da sua cidade.*

2. **Faça com que as pessoas falem sobre você.** Se você, como empreendedor, conseguir criar um burburinho entre seus concorrentes, eles vão acreditar que você tem os contatos certos, e isso vai reforçar a reputação da sua empresa. Ao mesmo tempo, você também precisa estar perto de seus contatos e garantir que eles enxerguem valor nas conversas que têm com você. Além disso, é preciso manter o contato com pessoas de fora da sua equipe de trabalho e frequentar eventos de networking. *Ou seja, falem bem, falem mal, mas falem de mim! Se você está na cabeça das pessoas, elas vão procurá-lo, no mínimo, porque ficaram curiosas para conhecê-lo.*

3. **Conheça as pessoas que serão cruciais para você antes de abrir a sua start-up.** Conhecer as pessoas certas antes de lançar seu negócio significa ter uma base sólida de futuros clientes. *Ou seja, nada de ter medo dos tubarões. Eles estão em todos os lugares – trabalhando com você na sua empresa, na sala de aula da faculdade, no coworking em que você trabalha – e vão puxar você para cima. Se eu não conhecesse um "japa monstro na programação", não teria fundado a Samba.*

PENSE simples

4. **Quanto a sua rede de contatos confia em você como líder da sua empresa influencia o seu sucesso.** Quer dizer, o sucesso é medido por quanto você aprende com pessoas de fora da sua equipe, o que exige que você, como empresário, tenha a confiança para admitir que tem algo a aprender. *Ou seja, sandálias da humildade do empreendedorismo. Você não sabe tudo, e isso é ótimo. É só mais uma desculpa para ir atrás de tubarões.*

5. **Aprender com pessoas de fora da sua equipe alavanca a sua rede de contatos, e isso aumenta a reputação da sua start-up.** *Ou seja, com quanto mais gente você conversar, com quanto mais pessoas trocar experiências, mais a sua marca vai ficar conhecida.*

6. **Seu conforto ou seu desconforto com o fato de fazer networking não vai afetar o sucesso da sua empresa.** A dificuldade ou a facilidade com que você pede conselhos, faz follow-ups ou fala sobre sua empresa não vai ajudar nem atrapalhar o sucesso do seu negócio. O importante é fazer o networking, independentemente de sua facilidade ou dificuldade em fazer isso. *Ou seja, mesmo que você seja tímido e tenha uma dificuldade tremenda de prosear com desconhecidos, o importante é que você esteja tentando. Quanto mais você tentar, mais fácil será. É assim com tudo na vida, desde aprender a dirigir até falar uma segunda língua, e não seria diferente com o networking.*

rompendo barreiras

Conforme você for conhecendo pessoas, mais fácil será conhecer mais pessoas – e estou falando de conhecer gente que é crucial para o seu negócio. Uma das características que o treino do networking nos ajuda a desenvolver

gustavo caetano

é a cara de pau. E olha que a cara de pau é uma competência importantíssima para o empreendedor. Em alguns casos, só tendo um pouco (um pouco, ok?) de falta de noção é que a gente consegue aquilo que deseja. Eu tenho uma boa cara de pau e tive de usá-la para conquistar o primeiro grande cliente da Samba, quando estávamos mudando de rumo, saindo do mundo do celular e entrando no mundo dos vídeos on-line — história que vou contar para você mais para a frente. Eu sabia que a Samba precisava se reinventar e vi na plataforma do YouTube a oportunidade para dar essa guinada. A minha ideia era a seguinte: as emissoras de TV não colocavam seu conteúdo no YouTube por causa de direitos autorais e coisas do tipo, mas, se elas quisessem sobreviver na era da internet, iam ter de dar um jeito de deixar seu conteúdo on-line. E não havia nenhuma plataforma no Brasil que concorresse tão diretamente com o YouTube desse jeito. Era a tal da janela de oportunidade que se abria para mim. E tudo o que eu precisava, além do japa para desenvolver o sistema operacional do negócio, era de uma emissora que apostasse no nosso trabalho. Eu tinha de quebrar essa barreira que parece intransponível quando estamos começando em um mercado: conseguir o primeiro grande cliente. Para isso, coloquei muito lustra-móveis na minha cara de pau.

Um dia, estava vendo a revista *Teletime*, especializada na área de telecomunicações, e li uma entrevista com uma diretora da Band, chamada Silvia Saad, que falava sobre o futuro dos negócios e tudo o mais. Pensei: "Saad, será que tem alguma coisa a ver com o Johnny Saad, o presidente da Band?". Fui pesquisar e

> quanto mais gente boa tem em torno de você, melhor você será

PENSE simples

descobri que, sim, ela era a irmã dele. Então, veio a cara de pau. Resolvi mandar um e-mail para ela, bem amigável, explicando qual era o propósito da Samba e comentando sobre a área de tecnologia da Band, e, com minha cara de pau, perguntei como estava o Johnny, para ela achar que eu não era um maluco mandando e-mail do nada. Só que eu era. E, para piorar, não sabia qual era o endereço de e-mail da Silvia. Fui tentando todas as combinações possíveis, alguma eu ia acertar. Acertei. Ela respondeu muito educadamente, agradecendo por eu ter perguntado pelo irmão e dizendo que não era da área de tecnologia, mas que me apresentaria para a diretora de TI da Band. Ali estava a oportunidade para conseguir o primeiro contrato importante, e eu não ia deixar passar.

O japa tinha desenvolvido um protótipo do sistema da Samba, quase uma cópia do YouTube, vou confessar, para que eu levasse à reunião com o pessoal da Band. Protótipo é um trem que parece que funciona, mas não funciona direito. Eu só podia clicar onde o japa tinha dito que eu podia. Se eu clicasse em algum outro lugar, ia dar pau, e a apresentação estaria arruinada. Eu falei: "Tudo bem, japa, só clico onde você mandou." E lá fui eu para a reunião. Estava nervoso, é claro, mas deu tudo certo, o mouse me obedeceu, parecia até que o sistema funcionava de verdade. A Band adorou. Eles estavam procurando uma solução de internet para entrar em um mercado que ainda era novo para a emissora. A sorte é que a solução da Samba encaixou-se exatamente com o que eles imaginavam para a plataforma on-line. Fechamos o contrato. Foi uma alegria tremenda, eu parecia mineiro vendo o mar de Copacabana pela primeira vez na vida!

A alegria não era só pelo dinheiro ou pelo glamour de ter uma emissora como a Band entre os clientes, mas por causa do endosso que a Samba estava ganhando. A Band carimbou o selo de confiança na gente. Estávamos ganhando reputação. E ganhar reputação significa romper uma barreira mental do empreendedorismo: o medo de o seu negócio ser uma farsa. Ter o primeiro cliente importante – independentemente do segmento de atuação da sua empresa – dá essa trabalhada na autoestima, a gente começa a pensar "sim, eu posso", simplesmente porque alguém acreditou no nosso projeto. E basta um cliente importante acreditar para que outros clientes importantes acreditem. É o boca a boca do bem. Um ano depois de termos assinado com a Band, já prestava serviços para Globo, SBT, R7, Abril e IG, os principais grupos de mídia do país. A Band também foi a responsável por fazer com que eu conseguisse um investimento de um fundo de Venture Capital, a FIR Capital. Como tínhamos um grande cliente, eles deram um aporte de 5 milhões de reais para escalar esse mercado. Fomos usando a metodologia dos pinos de boliche: vamos derrubar um de cada vez. Agora, era a vez da indústria de comunicação, depois veríamos onde conseguiríamos replicar essa tecnologia e usar mais inovação.

O crescimento só ia acontecer, eu sabia, se eu também tivesse a humildade de perguntar para os clientes do que eles precisavam e de pedir feedbacks constantes para esse pessoal que estava acreditando em mim. Isso diferencia os empreendedores e é uma lição preciosa que eu aprendi: você não deve apenas prestar um bom serviço para o cliente, mas, também,

NA CARA DE PAU

Nesse vídeo, eu conto como entrei em contato com o pessoal da Band, o primeiro grande cliente de vídeos da Samba, e falo sobre a importância de ter alguém relevante que acredite no seu negócio.

PENSE simples

entender do que ele vai precisar no futuro. O cliente é a sua inspiração constante. Pense nele o tempo todo.

Não apenas para fazer bem o que você já faz, mas para fazer melhor. Para isso, leve testes de novidades, peça para que ele dê opiniões sinceras sobre as suas novas ideias – é o cliente que tem o poder de saber se aquilo que você está imaginando para o futuro terá valor para ele, se aquilo é útil ou inútil, e se ele aceitaria pagar pelas inovações que você está pensando em oferecer. O cliente não é só quem o ajuda a pagar as contas no fim do mês. O cliente é uma das pessoas mais importantes na sua rede de contatos – e uma das peças cruciais para colocar você no centro do mundo e ajudá-lo a se contaminar com boas ideias.

estratégias para pedir ajuda

1. **Coloque-se no lugar do outro:** *antes de acionar um contato, entenda exatamente em que aquela pessoa pode realmente ajudar você. Ao saber quais são as melhores habilidades dos outros, fica mais fácil saber quem pode ajudá-lo com cada tipo de problema que você tem.*

2. **Ouça os seus clientes:** *eles sabem exatamente do que precisam e têm experiência para saber que tipo de solução funciona ou não. Quando você tiver dúvidas sobre a eficácia de um novo produto/serviço, converse com seus clientes. Eles saberão dizer se, na prática, a sua inovação faz sentido.*

3. **Não tenha preconceitos:** *para solucionar problemas e tomar boas decisões, você precisa conversar com pessoas de vários perfis. Por isso, não tenha preconceito de ouvir opiniões muito diferentes das suas. As contradições são fundamentais para você ponderar tudo o que precisa ser ponderado antes de colocar a mão na massa.*

6

entre o mapa
e o terreno,
escolha
– sempre – o
terreno

Lembra da história da fábrica de cortiça do meu avô, que teve de fechar porque uma inovação – o isopor – estava chegando e ninguém percebeu o perigo? Como comentei, essa história fica sempre martelando na minha cabeça, parece o Grilo Falante do Pinóquio, sussurrando para que eu nunca me esqueça de que a inovação de hoje não tem garantia de continuar sendo importante amanhã.

Estou relembrando essa história porque agora quero contar para você como a minha primeira empresa, a Samba Mobile (a dos joguinhos para celular), começou a se tornar irrelevante. E quero explicar, também, como eu percebi que era o momento de partir para outra coisa. Era isso ou outro "isopor" ia acabar com o meu negócio.

A Samba Mobile escalou rapidamente, afinal era essa mesmo a finalidade do negócio: crescer depressa sem demandar crescimento de equipes. Só que nós, em apenas três anos – o que é muito tempo para o mundo da tecnologia – viramos coisa comum. Ser uma plataforma para distribuição de jogos não era mais tão relevante assim. E as operadoras de celular, nossas clientes na época, sentiram que isso aconteceria e quiseram renegociar os contratos para torná-los mais favoráveis para

PENSE simples

elas. Quando entramos no mercado, o acordo era de divisão de lucros 50% a 50%, mas, um dia, uma operadora me chamou para negociar. Eles queriam ficar com 70% e nos repassar apenas 30%. Por que fizeram isso? Porque a nossa concorrência tinha aumentado, havia mais gente disponibilizando jogos, e nós estávamos perdendo o poder de barganha. Depois que a primeira nos chamou para conversar, foi uma avalanche: todo mundo queria renegociar os contratos. Nós trabalhávamos com poucos clientes, e eles eram gigantes. Então, ou a gente aceitava a nova realidade, ou partia para outra. Contudo, era uma decisão difícil. Se aceitássemos a nova realidade, perderíamos muito dinheiro. Se não aceitássemos e uma das operadoras nos deixasse, perderíamos usuários. Naquela época, não tinha Google ou Apple para a gente colocar um aplicativo direto nas mãos dos usuários. Era tudo intermediado. Então, se uma operadora parasse de nos atender, perderíamos uns 20 milhões de clientes de uma vez só. Começamos a ficar preocupados com o futuro, com toda a razão. Era hora de mudar. Com as novas cartas na mesa, eu sabia que não ia ser possível continuar no mercado de jogos para celular por muito tempo.

    O professor da Harvard Business School, Michael Porter, definiu muito bem a situação que eu enfrentei com a sua teoria das "Cinco Forças" (veja o diagrama a seguir). Ele diz que, se você está num mercado em que o poder de barganha dos fornecedores ou clientes é muito grande, é melhor sair de lá. No nosso caso, o poder de barganha dos fornecedores era fortíssimo, já que vendíamos produtos para algumas poucas empresas muito grandes.

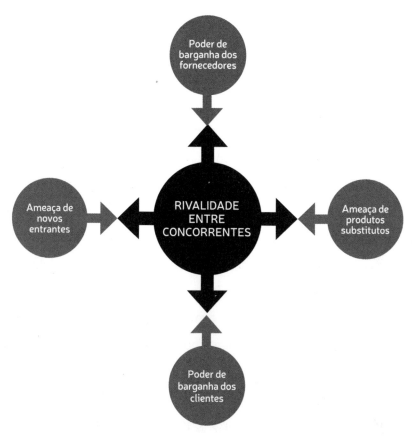

Fonte: Representação gráfica das Cinco Forças de Porter. Disponível em: <https://pt.wikipedia.org/wiki/Cinco_for%C3%A7as_de_Porter#/media/File:Cinco_For%C3%A7as_de_Porter.png>. Acesso em: 7 dez. 2016.

Estávamos perdendo valor e, quando se perde valor, a única alternativa é a guerra de preços. Os joguinhos, naquele momento, viraram uma commodity. O que seria letal para nós, já que ainda não havia uma escala no nosso negócio que nos permitisse competir com margens muito baixas.

Então, a saída foi acionar a estratégia mineira de solução de problemas: "comer quieto". Ou seja, eu dei um passo para trás, dei aquela boa observada no terreno e tentei entender o que deveríamos fazer para salvar os negócios e

PENSE simples

> o mundo gira muito depressa, e quem quer inovar precisa entender isso

sair daquela enrascada. A primeira sensação que tive é de que precisávamos fazer algo que fosse mais nosso. Com a Samba Mobile, além da pressão das operadoras, poderíamos sentir, também, a pressão dos fornecedores: nada impedia que eles começassem a querer cobrar mais pelos jogos que nós disponibilizávamos. A gente precisava ter mais controle. Naquele momento, sentíamos insegurança de todos os lados, porque o serviço que prestávamos não era totalmente nosso – dependíamos demais dos fornecedores, para ter o conteúdo, e das operadoras, para fazer com que o conteúdo chegasse até o cliente final. Tínhamos de superar essas barreiras e nos aproximar mais do cliente final.

A primeira ideia que surgiu foi a de vender jogos pela internet. Aproveitando parte da tecnologia da Samba Mobile, desenvolvemos uma plataforma para que os usuários pudessem baixar jogos no computador, mediante pagamento. Era a Combo Games. Consegui licenciar alguns jogos com empresas norte-americanas e começamos a negociar com portais da internet, como UOL, Terra e IG, para que a nossa plataforma ficasse ligada a eles mediante o pagamento de uma porcentagem do que nós faturássemos. Para montar a empresa, consumimos uns 70% do caixa da Samba Mobile, mas era o jeito. Estávamos em 2008 e não tínhamos vendido quase nada de jogos. Por quê? Porque eu fiz uma leitura errada do terreno em que íamos pisar. Jogos para computador são pesados. Você precisa ter uma banda larga razoável para fazer download dos games. Há oito anos, o comum era que as pessoas tivessem uma banda de, no máximo, 1 MB de velocidade. Só que alguns jogos pesavam mais de 4 GB. Não ia dar certo, e eu não me dei conta. E olha que fazia pouco tempo que a gente tinha deixado de usar internet discada (lembra daquele saudoso barulhinho da conexão?). Nunca vou me esquecer do dia em que uma senhora entrou em contato com a gente reclamando que tinha comprado uns jogos para o neto dela e ele não conseguia usar por causa da banda... Imagine a frustração do cliente. E imagine a minha frustração. O Brasil ainda não estava pronto para operar naquele mercado como os norte-americanos já operavam. Outra coisa que estava nos prejudicando era a pirataria. Algo que, até hoje, é um problemão no mercado de games. A coisa não ia decolar. A solução foi matar o projeto e, para isso, tivemos de raspar o tacho das finanças da Samba. Lá estava eu às voltas com o meu isopor.

mudanças e mais mudanças

Com a Samba Mobile e com a Combo Games eu aprendi lições muito valiosas. Uma das mais importantes é que a inovação de hoje não tem garantia de continuar sendo a inovação de amanhã. É a tal história dos ciclos curtos que contei para você no primeiro capítulo. Quando você inova, já precisa estar de olho na próxima janela de oportunidade para inovar novamente, antes que o seu produto ou serviço deixe de ser relevante. Quando eu notei que havia espaço para inovar com jogos de celular, já devia ter começado a pensar em qual seria a próxima etapa de inovação para a Samba. No entanto, naquela época, eu ainda não entendia a importância de estar sempre olhando um pouco à frente para ser sempre relevante no mercado. Tive de aprender isso da maneira mais difícil: fechando o empreendimento e partindo para um novo projeto que não foi tão promissor assim e que me deu mais um pouco de dor de cabeça; mas, às vezes, é só assim que a gente aprende de verdade.

PENSE simples

E eu aprendi que, uma hora, toda inovação – por mais incrível que ela pareça em um primeiro momento – vai virar commodity. Não tem jeito. O mundo gira muito depressa e quem quer inovar precisa entender isso. Se você não entender, vai fazer avaliações erradas do cenário e não vai saber quando é hora de partir para outra. E não pense que as inovações se transformam em coisas comuns apenas no mundo da tecnologia. Isso acontece – e muito – nas ciências. Um exemplo interessante ocorre com o processo de decodificação do genoma humano. Para que os cientistas conseguissem decodificar o genoma pela primeira vez na história, eles levaram onze anos de trabalho árduo e gastaram 3 bilhões de dólares. A descoberta foi anunciada, no ano 2000, com muito entusiasmo pelo presidente norte-americano Bill Clinton, que disse, em seu discurso, que "Com esse novo saber, a humanidade está a um passo de adquirir um imenso poder de cura". O problema para que esse objetivo fosse atingido era que decodificar o genoma humano era um processo muito caro e demorado. Então, em 2009, Stephen Quake, pesquisador e professor da Universidade de Stanford, nos Estados Unidos, desenvolveu uma nova tecnologia que baixou o custo médio de decodificação do genoma de 500 mil dólares para 250 mil dólares e que precisava de apenas três pessoas para operar o equipamento. A meta de Quake era de que, em três anos, fosse possível reduzir o custo do genoma para mil dólares, o que está bem perto de acontecer. A pesquisa do professor Quake quer baratear o custo do genoma e fazer com que, daqui a alguns anos, uma pessoa comum sequencie seu genoma com a mesma facilidade com que faz um hemograma. Para que isso seja possível, os esforços de Quake foram patrocinados, nesse ano, por Mark Zuckerberg e sua esposa, Priscilla Chan, que criaram o Biohub, uma instituição sem fins lucrativos que vai ajudar em iniciativas científicas inovadoras e recebeu um investimento de 600 milhões de dólares do fundador do Facebook. O que o casal quer é que o professor Quake consiga criar um "atlas das células humanas" que será usado por médicos, farmacêuticos e cientistas para diagnosticar e curar doenças. O que parece algo impossível hoje se tornará comum no futuro, e os cientistas terão outros desafios para solucionar. A gente tem muito a aprender com a ciência. Sabe por quê? Porque os cientistas não ficam estagnados. Se algo já foi descoberto, já foi descoberto. Não importa o tempo que levou e o trabalho que foi necessário para isso. Quando a descoberta acontece, os cientistas partem para outra. Ou você acha que tem cientista ainda preso à descoberta da penicilina quando ainda não se encontrou a cura para o câncer?

Aprendi que é assim que a gente tem de agir quando está em um mercado em que inovar é fundamental. Temos de nos comportar como cientistas que estão atrás de novas curas e inovações. É preciso manter um olhar incansável para o futuro para não perder a abertura de uma nova janela de oportunidade. Foi isso que tentei fazer quando estava na encruzilhada dos games. Comecei a me perguntar: o que está crescendo agora no mundo da tecnologia? Uma das coisas que pareciam mais promissoras eram os vídeos. O YouTube já havia chegado ao Brasil e estava se tornando algo grandioso. Aí eu me fiz mais uma pergunta: em que tipo de tecnologia dá para aproveitar a plataforma que já desenvolvemos até agora? Não queria jogar tudo no lixo, eu queria adaptar o que já tinha a alguma coisa mais promissora. Vídeos na internet pareciam ter bastante po-

> se algo
> já foi
> descoberto,
> já foi
> descoberto

PENSE simples

tencial para crescer, e a tecnologia que eles demandavam combinava com a tecnologia que a Samba já desenvolvia. Então, tudo o que precisávamos eram apenas alguns ajustes. Então, surgiu outra pergunta: como é que eu ia me diferenciar do YouTube? Não queria fazer igual, eu precisava de um diferencial. Quebrando a cabeça e "colocando o Tico e o Teco para funcionar", tive um insight. Como contei para vocês no Capítulo 4, a ideia que me veio à cabeça foi fazer algo para as emissoras de TV. Afinal, se havia algum usuário grande que não ia querer estar no YouTube eram as emissoras de TV! Elas tinham muito conteúdo em vídeo, mas, certamente, não se sentiriam seguras para colocar tudo aquilo em um site como o YouTube, o que demandaria uma equipe dedicada apenas a cuidar da inserção de conteúdo em uma plataforma em que o usuário não tinha tanto controle sobre os vídeos. O que as emissoras precisavam ter era o Whitelabel do YouTube. Já ouviu esse termo? Whitelabel é, basicamente, terceirizar um serviço para uma empresa. Por exemplo, uma loja de roupas que não tem fabricação própria compra os produtos de uma indústria que fabrique para diversas marcas. No meu caso, o Whitelabel seria desenvolver uma plataforma semelhante à do YouTube que pudesse ser administrada totalmente pela minha equipe e oferecer esse serviço de vídeos para as emissoras de TV que sabiam que, em pouco tempo, com a expansão da banda larga no Brasil, os vídeos de internet estariam em todos os lugares e seriam uma forma de atrair mais audiência.

vendendo sonhos

Com isso na cabeça, era hora de encontrar pessoas que acreditassem no que eu acreditava. Já existia uma pequena equipe que estava do meu lado na Samba Mobile, mas o que eu precisava agora era de mais gente

gustavo caetano

que entendesse de programação. Foi assim que contratei o japa e outros talentos geniais que foram fundamentais para o crescimento da Samba e para que a gente conseguisse fechar o primeiro contrato com a Band e outros grandes clientes. Uma coisa que aprendi muito e que foi crucial nesse momento de montar equipe era que eu precisava me cercar de profissionais com habilidades complementares às minhas. Tinha de montar uma equipe de poucos, mas bons.

O legal é que, quando você está tocando uma start-up, não é tão difícil achar gente boa que compartilhe do seu sonho. Isso tem muito a ver com o propósito e, também, com a geração da qual eu faço parte, a Geração Y, de pessoas que estão hoje virando trintonas, mas que enxergam o mercado de trabalho de um jeito um pouco diferente. A gente tem vontade de arriscar em empresas que estão começando, desde que elas se conectem ao que a gente acredita. E isso as start-ups têm de sobra. Tanto que o resultado de uma pesquisa que li uma vez me fez ficar muito feliz. Era um estudo conduzido pelas norte-americanas PayScale (consultoria de carreira e salários) e Millennial Branding (consultoria especializada em carreira e na Geração Y), feito com 500 mil jovens entre 19 e 29 anos, que descobriu que 47% dos entrevistados trabalhavam em empresas de até 100 funcionários, muitas consideradas start-ups – a Samba hoje tem 130 colaboradores! Os outros 30% eram empregados de companhias médias, com até 1.500 funcionários. E 27% tinham crachás de empresas grandes, com mais de 1.500 empregados. E por que esse pessoal quer trabalhar em start-ups? Para o fundador da Millennial Branding, Dan Schawbel, isso tem a ver com o perfil dessa geração. "Essa pesquisa confirma que a Geração Y é um grupo de empreendedores com grande aptidão em redes sociais, que prefere liberdade e flexibilidade em

PENSE simples

> encare a realidade, mude de caminho e não insista!

detrimento da rotina corporativa das grandes companhias", disse no release sobre a pesquisa.

Além disso, existem algumas coisas que as start-ups oferecem e que me ajudaram a convencer os malucos (tão malucos como eu) que fizeram parte da primeira equipe da Samba. Uma das vantagens de trabalhar em start-ups é que você aprende muito — e numa velocidade enorme. Afinal, não existem áreas de apoio. Todo mundo precisa fazer de tudo o tempo todo, senão a empresa não vai para a frente. Isso acelera o desenvolvimento e a carreira de qualquer um. Outro ponto positivo é a horizontalidade da hierarquia — algo que mantenho na Samba até hoje. Quer dizer, estagiário e dono da empresa recebem o mesmo tratamento e todo mundo tem voz para opinar, palpitar, indicar erros. E um terceiro ponto muito legal das start-ups é a autonomia: as pessoas podem (e devem) ter ideias próprias e trabalhar nelas, o que é algo crucial para inovar. Esse pacote de vantagens atrai quem quer arriscar um pouco e trabalhar fora do ambiente tradicional das grandes empresas. No caso da Samba, isso tudo atraiu as nove pessoas que confiaram no que eu queria fazer, compartilharam do meu sonho e aceitaram ganhar pouco para construir uma empresa que poderia, como aconteceu, tornar-se uma das mais inovadoras do país.

Naquela época, a maioria dos funcionários era de estagiários. Era o que dava para pagar, infelizmente; mas quando assinamos o contrato com as emissoras de TV e começamos a ganhar endosso, eu fui em busca de mais investimento. Conversei com o pessoal do fundo FIR Capital, especializado em desenvolver start-ups ao redor do mundo. Expliquei o projeto dos vídeos e consegui um aporte de 5 milhões de reais para escalar nesse mercado, como já comentei com você. O que foi crucial não apenas para fechar novos contratos, mas, também, para aumentar a equipe. Os estagiários foram efetivados e a companhia cresceu de dez para sessenta funcionários, a maioria deles trabalhando na área de tecnologia. E todos engajados no meu sonho de inovar no mercado de vídeos.

de olho no terreno

Ter um mapa é sempre uma segurança. Temos a sensação de que, com aquilo nas nossas mãos, vamos conseguir chegar ao nosso destino sem nenhuma perturbação. O mapa está ali, o que pode dar errado? Pois muita coisa pode dar errado se o seu mapa e o seu terreno não estiverem na mesma vibração. Imagine o seguinte: você está fazendo uma viagem com seus amigos, de carro. Todo mundo empolgado para chegar logo à praia. No GPS, tudo maravilha. Quando chegam perto do destino, depois de entrar à direita, por indicação do GPS, encontram a rua fechada porque caiu uma árvore. Nessa situação, o GPS não serve mais para nada. É preciso recalcular a rota: o terreno e o mapa não estão mais combinando. Ou você pensa num novo caminho ou você vai ficar paradão encarando o congestionamento com os seus amigos perdendo a paciência.

Esse raciocínio de se adaptar ao que está acontecendo à sua frente, independentemente do mapa que você tem nas mãos, deve ser sempre usado pelos empreendedores. Na dúvida entre confiar no mapa ou no terreno, use a máxima do Exército canadense: "Se houver disparidade entre o mapa e o terreno, fique sempre com o terreno". Ali é que está a realidade.

PENSE simples

Seu mapa pode ser bonitão, cheio de projeções maravilhosas para o seu produto ou serviço; mas se a realidade diz outra coisa, não se prenda ao que você imaginou. Isso significa olhar mais para o que acontece no dia a dia e menos para o planejamento, que é uma tentativa de prever um futuro cada vez mais incerto.

Encare a realidade, mude de caminho e não insista! Mude seu foco o mais rapidamente possível, antes que seja tarde demais. Foi isso que fiz com a Samba, lembra? O mercado de games que o meu mapa apontava não era mais relevante no terreno em que eu caminhava. Então, olhei o terreno e vi que era hora de apostar nos vídeos e adaptar meu mapa à nova realidade. E essa adaptação teve de ser muito veloz, como trocar pneu com o carro andando. Porque, se eu esperasse para ter um novo mapa superbem detalhado, ia perder a oportunidade que o novo terreno estava me dando. Por isso, levei na apresentação da Band um protótipo do que seria a Samba. Eu não podia me dar ao luxo de ter algo totalmente finalizado. Não ia dar tempo. O terreno não espera. Por isso é tão importante, como já comentei com você, planejar menos e fazer mais.

Entenda que não há nada de errado em experimentar, em mudar o seu foco de atuação. Se você olhar as empresas que mais inovam no mundo, como Google e Apple, vai perceber que elas só conseguem ser tão inovadoras porque testam muito e entendem uma coisa que aprendi ser muito importante para os empreendedores

NOVO RUMO

Nesse vídeo, eu conto como consegui perceber que os games para celular não iam mais ser um bom investimento e explico como migrei para o mercado de conteúdo em vídeos.

que querem inovar – elas sabem que o futuro não é linear e que o erro da maioria das empresas e pessoas é tentar planejar o futuro olhando para o passado. Isso está errado! O futuro não pode ser previsto simplesmente com base no que já existiu. Se fosse assim, a gente estaria hoje passando fins de semana na Lua porque, no passado, um foguete chegou até lá. Nos anos 1960 era isso que as pessoas pensavam que ia acontecer em 2016. No entanto, o futuro não é linear. As coisas não se desenvolvem de maneira simples, existem muitas questões que influenciam nas inovações e nas mudanças. E essas questões vão todas aparecendo no terreno em que a gente anda. Por isso, mantenha seu foco na realidade, não no plano.

Ficar de olho no terreno possibilita que você mude seu negócio de direção quantas vezes achar necessário. Só tome cuidado para não ficar mudando apenas por mudar. Para transformar seu negócio, você precisa ter encontrado um jeito diferente de inovar que realmente justifique a sua mudança e, também, precisa ter dado um tempo para que o seu negócio anterior tenha dado sinais de que não deu certo – que foi o que aconteceu comigo com a migração da Combo Games para a Samba Content, de produção de vídeos. Fique monitorando o terreno, é dali que esses insights e as suas boas ideias sairão.

sinais de que é preciso levar seu negócio para outro caminho

1. *Quando você começa a ganhar muitos concorrentes que oferecem um serviço com mais eficiência e com preço mais baixo do que o seu.*
2. *Quando você perde o poder de barganha com seus clientes.*
3. *Quando não há mais aquele brilho nos seus olhos – ou nos olhos dos seus colaboradores.*

7

não perca
as pessoas
de vista

Quando você atinge certo sucesso no empreendedorismo e começa a ter clientes bacanas e um time de pessoas que trabalha para você, tem de tomar ainda mais cuidado com as suas atitudes. Você não pode deixar, de jeito nenhum, que o seu sucesso suba à cabeça. Quem sucumbe à síndrome do pequeno poder não chega a lugar nenhum. Sabe por quê? Porque afasta as pessoas. Ninguém quer ficar perto de um cara que acha que tem todas as respostas e que acredita naquele velho — e ultrapassado — ditado "manda que pode, obedece quem tem juízo". Para se manter com sucesso no seu negócio, você precisa de humildade. Um traço, aliás, que foi detectado por uma pesquisa da Universidade de Tycoon[1], nos Estados Unidos, como fundamental para ter uma boa performance profissional. Segundo os pesquisadores, quanto mais humildade e honestidade uma pessoa tem, melhores são seus resultados no trabalho. E isso vale igualmente para os empreendedores. Você precisa tratar todo mundo com respeito e de igual para igual. Esse é o primeiro passo para que você consiga formar uma equipe excepcional — e é dessa equipe que depende a sustentabilidade do seu negócio.

---

1 Disponível em: <http://capitalhumano-fgv.com.br/humildade-como-fator-relevante-em-personalidade/>. Acesso em: 7 dez. 2016.

PENSE simples

Montar uma equipe não é uma tarefa simples. Pense que você é o técnico da Seleção Brasileira de Futebol. Você tem todos os jogadores brasileiros disponíveis para jogar. Pode convocar todos os craques que quiser, mas ter esse monte de peças à mão não significa que você vá, necessariamente, conseguir montar um bom time – algo que a gente já viu acontecer em várias Copas do Mundo. Uma equipe eficiente só é montada usando a seguinte equação: pessoas altamente qualificadas + alto engajamento. É disso que você precisa para ter um time matador.

A primeira parte da equação é mais fácil de resolver. Descobrir se um profissional está tecnicamente capacitado é simples – além de olhar currículos, você pode aplicar um teste na hora da entrevista para ter certeza das habilidades do candidato. Aprendi, porém, que só a técnica não basta. É preciso algo a mais: engajamento. As pessoas mais geniais que eu conheço não trabalham apenas pelo dinheiro. Elas trabalham por um sonho. Lembra quando comentei sobre a importância de os empreendedores terem um propósito mais amplo ao pensar sobre o produto ou serviço que querem lançar? Pois bem. Isso também vale para os profissionais. Cada vez mais pessoas estão atrás de algo maior do que o salário no fim do mês. E a sua missão, como empreendedor e como chefe de equipe, é mostrar aos seus atuais e futuros funcionários que propósito é esse. Você também precisa atuar como um vendedor de sonhos.

senso de propósito

Quando você atua em um negócio de tecnologia, como a Samba, é natural que atraia profissionais jovens. E pessoas nessa faixa etária sentem que precisam trabalhar em um lugar que gere propósito. Se elas não têm isso, caem fora. Não é à toa que um estudo da consultoria Deloitte, que ouviu mais de 7.700 pessoas ao redor do mundo (300 delas no Brasil), revelou que 44% dos profissionais da Geração Y querem deixar seus empregos atuais até 2018 e 66% não se enxergam trabalhando onde estão atualmente até 2020. E por que elas querem mudar? Porque não se sentem conectadas com aquilo que fazem. Quando foram perguntados sobre quais são os fatores que mais influenciam uma tomada de decisão, 64% dos entrevistados da Geração Y que já ocupam funções de liderança disseram que o fator mais importante são os valores pessoais – o índice foi de 45% entre os entrevistados sem cargo de gestão. E foi o mais citado como importante para a tomada de decisão. Isso significa que há uma busca em conectar o trabalho com aquilo em que se acredita. Ninguém mais separa as coisas. Para trabalhar bem, você tem de acreditar no que faz – e, para atrair talentos para a sua empresa, você precisa mostrar às pessoas por que trabalhar no seu negócio é sensacional.

A Singularity University, universidade voltada para inovação, na qual eu estudei, publicou um artigo muito interessante sobre a necessidade de ter propósitos transformadores. No texto, a autora Alison E. Berman diz o seguinte: "Erradicar doenças, voar, fazer com que todos no mundo possam se comunicar em segundos, ir para a Lua – os seres humanos desenvolveram um gosto por tornar o impossível possível. Apesar de ainda enfrentarmos uma enorme lista de desafios globais, aprendemos que a ciência e a tecnologia podem descobrir

> você precisa encontrar algo ao qual você queira dedicar a sua vida

grandes soluções. Mas descobertas surpreendentes não aparecem de repente. Para que elas aconteçam é preciso que equipes de pessoas dedicadas e brilhantes enfrentem o problema dia e noite. E são necessários uma quantidade enorme de motivação, trabalho duro e, pelo menos, algumas falhas. Para resolver nossos maiores problemas, precisamos de pessoas para realizar grandes tarefas. Mas o que leva alguém a assumir um processo tão difícil e incerto e não desistir dele? Há um segredo para motivar indivíduos e equipes para fazer grandes coisas: é o propósito. Movimentos sociais, organizações em rápido crescimento e descobertas notáveis em ciência e tecnologia têm algo em comum — são muitas vezes subprodutos de um propósito profundamente unificador. Há um nome para esse tipo de motivação. É o "propósito maciço e transformador". Em inglês, a sigla usada para definir esse tipo de propósito amplo, que conecta muitas pessoas, é MTP (*massive transformative purpose*), e é assim que vou nomeá-lo no livro.

Alison continua seu artigo comentando que no livro *Organizações exponenciais*, de Salim Ismail, foi feita a análise das 100 companhias que mais cresciam em 2004, e descobriu-se que cada uma dessas empresas tinha um "propósito maciço e transformador". Para o pessoal da Singularity, o MTP é definido assim:

M. **Maciço:** *audaciosamente grande e inspiracional.*

T. **Transformador:** *pode causar grandes transformações em uma indústria, uma comunidade ou um planeta.*

P. **Propósito:** *existe um "porquê" muito claro por trás do trabalho. Algo que une inspiração e ação.*

Para ficar ainda mais claro, uso as palavras do empreendedor e especialista em inovação Peter Diamandis, fundador da X Prize Foundation, que disse que o propósito nada mais é do que "achar algo pelo qual você morreria e viver por isso". É disso que se trata. Você precisa encontrar algo ao qual você queira dedicar a sua vida. E criar um MTP na sua empresa não se trata apenas de fazer algo bonito. Trata-se, também, de criar um negócio competitivo. Como diz Alison em seu artigo: "Ter um MTP pode desencadear resultados incríveis, razão pela qual organizações de alto crescimento tendem a tê-los. A qualidade aspiracional de um MTP incentiva as equipes a priorizar o pensamento grande, as estratégias de crescimento rápido e a agilidade organizacional – e esses comportamentos têm retornos substanciais a longo prazo". Para encontrar seu MTP, Alison diz que é preciso seguir dois passos:

1. **Identificar o "quem":** descubra quem você quer impactar com seu negócio ou serviço. Pense em qual em comunidade ou grupo de pessoas se beneficiará de sua ideia.
2. **Identificar o "o quê":** qual problema você quer pegar e resolver?

No meu caso, e no caso de muitos empreendedores, o "quem" e o "quê" estão totalmente ligados ao propósito de transformação e de inovação. É com esse propósito, que é muito claro na Samba, que a empresa consegue atrair os melhores talentos. Quando você estiver definindo seu negócio e, consequentemente, seu propósito, sempre se pergunte: você está melhorando a vida de alguém com essa inovação? Quando a Easy Taxi foi fundada, Tallis Gomes tinha um objetivo: deixar um legado

PENSE simples

> para trabalhar bem, você tem de acreditar no que faz

para a sociedade por meio da melhoria da mobilidade urbana. E a ideia da Easy Taxi surgiu quando, um dia, ele não conseguiu encontrar um táxi de jeito nenhum. Então, veio a pergunta: por que não criar um aplicativo de geolocalização que conecte pessoas a taxistas sem o intermédio de cooperativas? A solução de Tallis resolveria o problema de milhares de pessoas que, como ele, não conseguiam achar táxis quando mais precisavam. Isso é uma inovação maciça e transformadora. Tanto que, hoje, a Easy Taxi está presente em 30 países e mais de 420 cidades.

Outro ponto importante a ser analisado é: você está corrigindo algo que está errado? É comum que a gente veja várias coisas dentro das empresas funcionando exatamente da mesma maneira há anos e anos. E ninguém muda porque sempre foi assim. Lembra da minha história com o pessoal da Globo? Eu vi ali aquela tonelada de fitas em cima da mesa e descobri que eles estavam perdendo um tempão no processo de recebimento e envio de comerciais entre agências e emissora. Eles perdiam tempo porque o procedimento era feito daquele jeito desde os tempos mais remotos e ninguém mudava. Então, eu vi que tinha algo errado e criei, junto com a minha equipe, uma solução para resolver o problema, interligando agências com emissoras. A gente plugou mais de 400 agências a 25 emissoras e, depois, vendemos essa tecnologia para a australiana Adstream. Eu vi um problema e a minha equipe, totalmente engajada no propósito da Samba, ajudou a encontrar soluções. O meu propósito é e sempre foi bem simples: montar um negócio para revolucionar a experiência digital, mas no qual eu posso me divertir. É isso que passo para a equipe da Samba todos os dias.

motivação além da grana

É comum pensar que as pessoas só vão se motivar com uma contrapartida financeira, que você precisa pagar muito para atrair os melhores profissionais. Antigamente, esse até podia ser um gatilho importante. Hoje, porém, a motivação vai muito além do dinheiro. Uma pesquisa feita pela consultoria Hays, com mais de mil pessoas entre 18 e 30 anos que formam a Geração Y, perguntou quais eram seus objetivos profissionais. Em primeiro lugar, os entrevistados disseram que o maior objetivo era adquirir conhecimentos e se especializar no que fazem. Em segundo lugar, eles queriam reconhecimento pessoal e fazer a diferença para a sociedade. O salário nem é citado entre os principais objetivos. Isso não quer dizer, é claro, que um empreendedor tenha de remunerar mal a equipe, longe disso. Na Samba, por exemplo, a motivação intrínseca é transformar a mídia digital por meio da inovação. Quem se conecta com esse propósito vai se empolgar trabalhando. E quem trabalha bem pode receber aumentos por mérito ao longo do tempo, é claro.

O importante para ajudar os funcionários a terem sempre aquele brilho nos olhos é investir no empoderamento das pessoas. Quem tem uma empresa precisa saber que não vai conseguir fazer tudo sozinho e que é impossível ter todas as boas ideias sozinho. Você está cercado de pessoas. E quanto mais motivadas essas pessoas estiverem, melhor para você. Por isso, demonstre que seus colaboradores são as pessoas mais importantes do mundo para você, que, sem elas, a empresa não decola. Quem faz isso muito bem é Rony Meisler, sócio-fundador da marca carioca Reserva. Além de ser um empreendedor excelente, que teve a ideia de criar uma grife de roupas descolada e irreverente depois de perceber, ao lado de seu amigo e sócio Fernando Sigal, que cinco homens numa academia de ginástica estavam usando exatamente a mesma bermuda para malhar, ele é também um excelente motivador e empoderador de pessoas.

Eu também acredito nisso. E acho que, para criar um local em que os funcionários amam estar, é preciso descentralizar e dar responsabilidades para todos. Na Samba, seguimos esse modelo. Nosso estilo de gestão é supertransparente e, graças a uma governança interna que controla processos, temos tranquilidade para trabalhar. A transparência é tão grande que começa na arquitetura do nosso escritório: ninguém tem sala e todo mundo trabalha lado a lado. Eu sento lá no meio do pessoal, todo mundo pode chegar e conversar comigo. Não tem essa de uma sala especial. Eu sou igual a qualquer um na empresa, por que me sentaria em um lugar diferente?

Isso sempre foi assim. O que melhorou ao longo dos anos foi o processo de gestão — tanto de projetos quanto de pessoas. Em 2012, a gente passou por uma reestruturação: três dos nossos diretores deixaram a empresa. Isso poderia ser um problemão, mas aproveitamos o momento para ajeitar ainda mais a casa. Em vez de contratar gente de fora para assumir as funções, promovemos três integrantes da equipe a gerentes. Além disso, a situação de mudança nos ajudou a padronizar os processos, que eram um pouco confusos. A primeira coisa foi

gustavo caetano

olhar a fundo o que podíamos melhorar para que o trabalho fluísse com mais eficiência e rapidez. E havia dois pontos críticos, os dois relacionados à comunicação: o repasse de informações de uma equipe para outra e a passagem de bastão dos projetos que, sem padrões internos, estava meio comprometida. Para que isso melhorasse, a saída foi unir a cultura da Samba com um novo planejamento estratégico. Então, a gente criou o SIMPLEER, uma palavra que está na ponta da língua de todo mundo e que sintetiza quais são os nossos valores mais fundamentais: **S**ó ganhamos dinheiro se o cliente ganhar dinheiro; **I**novação está no nosso DNA; **M**etas claras; **P**rodutos e soluções escaláveis; **L**iberdade e responsabilidade para criar um ambiente de trabalho fantástico; **E**xcelência em design; **E**ntre o mapa e o terreno, fique com o terreno; **R**esultado é Foco. Com isso, fica bem mais claro para todos os funcionários da empresa o que é esperado deles no dia a dia do trabalho e, também, como precisam agir para tocar projetos e tarefas compartilhadas. Outro ponto que dá respaldo a isso são os indicadores de desempenho, também criados em 2012. O objetivo desses indicadores, ou no jargão em inglês KPIs (*Key Performance Indicators*), é fazer o link entre os objetivos estratégicos da Samba e as metas das áreas. Assim, criamos uma pirâmide de metas. Na base está tudo aquilo de que precisamos para construir a empresa; no meio estão os KPIs de crescimento da companhia; no topo, colocamos qual é o resultado financeiro que desejamos. A cada três meses, a gente atualiza essa pirâmide de metas — lembra da necessidade de acompanhar constantemente as mudanças? Isso vale também para a administração dos indicadores da empresa.

PENSE simples

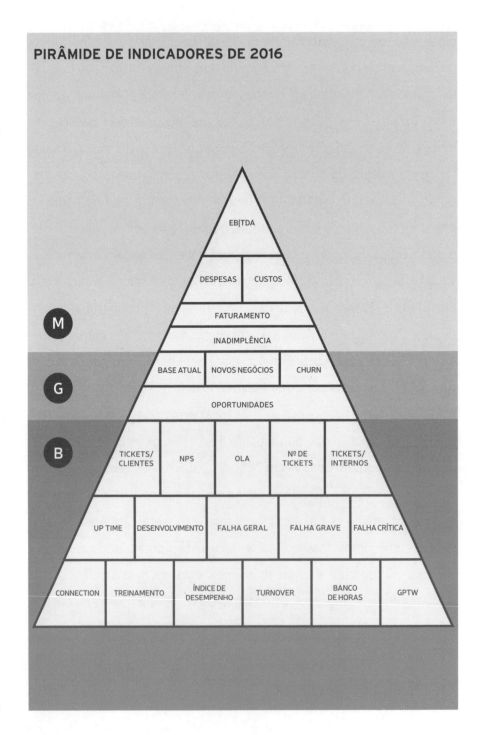

gustavo caetano

E uma coisa bem legal é que, uma vez por mês, reunimos toda a empresa para abrir e detalhar todas as métricas daquele período. Só que os responsáveis por apresentar as metas das áreas não sou eu, os diretores ou os gerentes. São os próprios analistas. Eles vão lá, na frente de todo mundo, e explicam como estão os resultados. Isso gera um senso de responsabilidade enorme porque os colaboradores entendem que as metas não são dos chefes, são de todo mundo – inclusive deles mesmos! Na Samba, existe um responsável direto por cada um dos processos e cada uma das metas. Cada objetivo tem um dono – e aqui não importa o cargo da pessoa, mas a competência dela para trabalhar aquela meta. Quando algo relacionado a um tema precisa ser discutido, todos sabem que precisam procurar o fulano porque ele é que está mais por dentro daquele assunto.

Isso empodera demais os funcionários. E eles são responsáveis por literalmente tudo o que acontece na empresa, até pelas melhorias simples feitas no ambiente de trabalho. Isso porque a gente tem o "Prefeito do Escritório". A cada seis meses, a gente elege uma pessoa que vai cuidar do escritório. Ela terá a responsabilidade de dar o melhor uso para um orçamento e fazer uma melhoria no ambiente de trabalho – pode ser instalar um ar-condicionado novo, comprar uma mesa de pebolim, o que for necessário. O prefeito se reúne com um comitê e, juntos, decidem o que fazer com o dinheiro. O engajamento que é criado a partir disso é muito bacana. É um jeito bem prático de fazer com que o time se sinta, realmente, dono do negócio. Afinal, parte do esforço dele está ali, para todo mundo ver.

Agora, é importante entender quais ações se conectam melhor com o time da sua empresa. Na Samba, a faixa etária do pessoal é jovem, e todos gostam demais de elementos da cultura pop, como séries de TV e

PENSE simples

super-heróis. Por isso, a cada ano, elegemos um elemento para representar o desafio da Samba naquele momento. É um jeito lúdico que conecta mais as pessoas do que apenas palavras. Tudo começou em 2010, quando elegemos o tema Oscar para aquele ano. O objetivo era fazer com que a Samba fosse a melhor em todas as categorias. Depois, veio a temática Superman: tínhamos mudado de escritório e éramos "super-heróis" salvando nossos funcionários. Em 2016, o tema foi Simpsons, pois a Samba está entrando nos Estados Unidos e queríamos um símbolo bem norte-americano para representar esse momento. A gente apresenta o tema uma vez ao ano e, nesse mesmo dia, premiamos o funcionário que mais se destacou, é o nosso troféu "O Cara". O legal é que nosso CMO, Pedro "Feliz" Filizzola, fantasia-se de algo bem representativo do tema — em 2016, ele estava vestido de Homer Simpson — e faz uma paródia da música do Roberto Carlos, "Esse cara sou eu", destacando as características do funcionário que foi homenageado. Aí damos um presente, pode ser uma TV ou uma viagem, por exemplo. E o clima do escritório fica muito bacana.

poder para as pessoas

Essas ações, que são, essencialmente, muito fáceis de implementar, ajudam a dar autonomia para quem trabalha na Samba. Afinal, como as decisões são descentralizadas, todo mundo se sente mais à vontade para tocar os projetos da empresa. E essa sensação é fundamental para motivar qualquer um de nós. A autonomia é tão importante que, de acordo com o professor Edgar Schein, da Sloan School of Management do MIT, é uma das oito Âncoras de Carreira — que são, segundo o pesquisador, as questões que puxam nossos motivadores profissionais mais importantes. Além da autonomia, Schein cita outros fatores: desafio puro, causa, segurança, criatividade, estilo de vida, competência técnica e competência administrativa. É claro que as âncoras são diferentes para cada um de nós e variam de acordo com nossos desejos e nossos interesses, mas todo mundo vai

> é impossível ter todas as boas ideias sozinho

ter um pé na autonomia, simplesmente porque ela nos deixa à vontade para ter ideias, experimentar e errar — algo que também é importantíssimo e um assunto do qual vamos falar muito no próximo capítulo. Autonomia gera propósito graças a algo bem simples: ela dá poder para as pessoas. E ter esse poder para fazer e acontecer é fundamental no mundo do trabalho e do empreendedorismo.

Percebi isso de maneira mais marcante quando participei de um evento na Califórnia, em que conheci um general da tropa de elite da Marinha dos Estados Unidos (US Navy Seals). Ele comentou que, para atrair pessoas para uma divisão como a que ele lidera, o motivador não pode ser só dinheiro, por exemplo, precisa ser algo maior. Afinal, quem está na Marinha norte-americana corre o risco de morrer, e quase ninguém aceitaria perder a vida apenas por causa de um salário. A âncora desses marinheiros é muito mais ampla: defender o país. Quem está motivado a proteger pessoas do perigo aceita o risco de se machucar porque sente que tem um bem maior em seu trabalho. O que está por trás desse comportamento é uma teoria de gestão chamada *power to the edges*, ou, traduzindo literalmente, "poder para as bordas" — nesse caso, "bordas" pode ser entendido

PENSE simples

TODO MUNDO TEM VOZ

Nesse vídeo, eu explico quais são os programas de gestão de pessoas da Samba que ajudam os funcionários a entender que têm poder para decidir e executar.

como as pessoas que formam a base de uma organização. O conceito de *power to the edges* surgiu com base nas percepções de David S. Alberts e Richard E. Hayes, do Departamento de Defesa dos Estados Unidos, que, em 2003, lançaram o livro *Power to the Edge: Command... Control... in the Information Age* [Poder para a bordas: comando... controle... na era da informação].[2] A teoria foi criada para explicar o processo de criação de uma banda larga em que as pessoas poderiam confiar. Dessa teoria, é possível tirar ensinamentos interessantes para a gestão de pessoas e de negócios. Um dos pontos cruciais do conceito é a percepção de que um objetivo é mais facilmente alcançado quando se cria uma rede de pessoas interessadas em trabalhar por aquela meta específica – e quanto mais descentralizada essa rede for, melhor. Ou seja, todos têm poder e autonomia para correr atrás da meta em comum que precisam alcançar. Outro ponto notável do *power to the edges* é a defesa de que os dados devem ser compartilhados, e não mantidos em sigilo por poucas pessoas. Isso também ajuda a motivar e a conquistar melhores resultados. Afinal, quando o time tem acesso a todas as informações relevantes sente-se prestigiado e percebe que cada um daqueles números reflete seu esforço pessoal.

---

2 Disponível em: <http://www.dodccrp.org/files/Alberts_Power.pdf>. Acesso em: 7 dez. 2016.

gustavo caetano

Esses pontos ajudam o empreendedor a se tornar também um vendedor de sonhos, um cara que mostra para os funcionários que, com base no esforço e na dedicação de cada um deles, a companhia vai crescer e o mundo vai girar. Quando há um sonho por trás do negócio, você empodera e motiva seu time naturalmente. E pessoas motivadas atraem mais pessoas motivadas, criando um circulo do bem, que ajuda a sua companhia a montar o melhor ecossistema organizacional do mundo. Quando você foca o seu negócio em alguma coisa boa e consegue mostrar esse sonho para pessoas excelentes, monta um time sensacional, comprometido em mudar o mundo. É muito por causa desse raciocínio que a Samba chegou aonde chegou. Não fosse o time sensacional de colaboradores altamente motivados, não teríamos ido tão longe.

crie seu time digital

Sites em que é possível contratar bons desenvolvedores para o começo da sua empresa

UPWORK upwork.com
Conecta mais de 1 milhão de profissionais do mundo todo.

FREELANCER freelancer.com
Há profissionais especializados em web design, mobile, HTML, Android, SEO, PHP e em outras competências on-line.

PROLANCER prolancer.com
Plataforma que conecta profissionais com competências digitais a empresas e empreendedores.

teste
QUAL O SEU ESTILO DE LIDERANÇA?
Faça o teste e descubra que tipo de líder você é.

1. É o começo do ano e a hora de compartilhar as metas daquele período com os funcionários. Como você age?
A. Diz que o ano vai ser muito difícil e que o mercado está tornando impossível encontrar novas saídas e negócios.
B. Diz que o ano será de desafios, mas que você está pronto para resolver qualquer crise ou problema.
C. Define algumas diretrizes que deverão ser seguidas ao longo do ano e explica que, para alcançar cada uma delas, você precisa do esforço e do apoio de cada um da equipe.

2. Um projeto está com sérios problemas, e o cliente está estressado com a sua empresa. Então, você:
A. Acha melhor se fechar na sua sala e esperar que a solução apareça de repente.
B. Centraliza todos os esforços e dá um jeito de resolver a questão praticamente sozinho.
C. Convoca a equipe, pede para que eles digam quais são os problemas e as possíveis soluções e orienta a todos, mostrando um novo caminho a seguir.

3. Em um momento de feedback com uma pessoa talentosa, mas que está desmotivada, você:
A. Desabafa. Diz que não entende por que ela está fazendo aquilo com você e com a sua empresa.
B. Pergunta o que você pode fazer para que ela se sinta mais motivada.
C. Tenta entender quais são os problemas que ela está enfrentando e dá sugestões de como ela poderia se sentir melhor.

4. Na sua opinião, qual é o melhor jeito de motivar uma equipe?
A. Dizer que, no fim do dia, elas podem ficar sossegadas no canto delas que nada de errado vai acontecer.
B. Dizer que elas têm você ali para resolver tudo.
C. Dizer que, juntos, vocês estão construindo uma coisa importante para o mundo.

5. Quando precisa dar um feedback duro, você:
A. Nunca dá esse tipo de feedback. Prefere esperar e ver o que vai acontecer.
B. Diz que a pessoa tem de ser mais proativa e abraçar os problemas, como você.
C. Explica, primeiro, quais são os pontos fortes daquela pessoa. Depois, entra no problema e sugere algumas soluções.

RESULTADOS:
Maioria A: Avestruz
Aquele chefe que, na hora do desespero, enfia a cabeça no buraco e não enxerga nada. Ficar trancado na sua sala sem enxergar nenhuma solução não leva a empresa a lugar nenhum.

Maioria B: Bombeiro
Aquele chefe que só fica apagando incêndios e não consegue pensar em nada além do fogo para apagar. Quem centraliza demais não deixa que a equipe tenha boas ideias e impede que a empresa inove.

Maioria C: Construtor
Aquele chefe que se preocupa em construir com a equipe e que está preocupado não apenas com as etapas da construção, mas com o resultado final. É esse o estilo de líderes inspiradores.

8

seja ágil
e leve

Um dos grandes mitos sobre o empreendedorismo é a necessidade de ter um enorme capital disponível para começar o seu negócio. Muita gente fala: "Ah, mas eu não posso começar a minha empresa, eu não tenho dinheiro suficiente para isso." Esse pensamento podia até fazer sentido lá atrás, quando todas as empresas precisavam ser gigantes se quisessem sobreviver no mercado. Agora, com a proliferação de start-ups, a Quarta Revolução Industrial, e a boa vontade dos consumidores de experimentar coisas novas, esse discurso não cola mais. Dá para começar a empreender com pouco dinheiro, sim. E tem muita gente fazendo isso: entre julho de 2015 e julho de 2016, o número de start-ups no Brasil cresceu 23,5%, segundo dados da Associação Brasileira de Startups (ABStartups). Você acha que essa gente toda está nadando em dinheiro? É claro que não! Quem empreende em start-ups sabe que é preciso ser ágil, leve e enxuto – e essas características combinam muito bem com ter pouco capital.

No começo da Samba, eu também não tinha muita grana. E não ter rios de dinheiro é muito bom para empreendedores porque essa situação força a gente a aprender a fazer mais com menos – uma lição fundamental

PENSE simples

que acaba garantindo a sustentabilidade de um negócio em longo prazo. Além disso, não ter investido rios de dinheiro no projeto dá mais liberdade para você testar e errar. Há um jargão em inglês que é quase um mantra para mim: *faster, better, cheaper*. Traduzindo, o termo significa "mais rápido, melhor e mais barato" e quer dizer o seguinte: quanto mais rápido e mais barato você testar e falhar, melhor. As ideias só se transformam em realidade quando você testa. E os testes correm grandes riscos de dar errado. O que é ótimo! Pois só assim você aprende de verdade.

falhar é importante

Essa teoria do *faster, better, cheaper*, ou FBC, nasceu com a NASA. Sim, você não está lendo errado. A ideia que se tornou essencial para as start-ups veio da agência espacial mais importante do mundo. Tudo começou em 1992, quando Dan Goldin, responsável pela administração da NASA, desafiou todo mundo a pensar sobre os projetos espaciais de um jeito diferente, baseado em cinco pilares:

- Focar missões menores, parar de colocar "todos os ovos em uma cesta só".
- Incorporar tecnologia avançada às missões.
- Reduzir o *headquarter* administrativo da NASA, dando mais responsabilidades para os centros.
- Criar visões e roteiros emocionantes para novas missões.
- Errar é permitido.

Com esse novo pensamento, a NASA queria, como explicou em um relatório, "experimentar coisas novas, assumindo riscos para ganhar retorno significativo". Para o pessoal da NASA, a definição de FBC é a seguinte:

1. Por ser mais eficiente e inovador, o FBC está tentando melhorar o desempenho e aplica-se a tudo e a todos.
2. Há um elemento intangível e um espírito de equipe associado ao FBC, e as pessoas são o ingrediente mais importante para isso.

O espírito do FBC é muito interessante, mas ele foi – e continua sendo – duramente criticado. Isso porque, depois de ter sido implantado, muita gente enxergou os fracassos do programa com olhos muito críticos e atribuiu à nova cultura todos os erros que foram cometidos.

Só que, no geral, se você olhar para a trajetória do programa, vai perceber que a filosofia rendeu muito mais acertos do que erros – e que todos os erros geraram oportunidades de aprendizado incríveis. Em um artigo para a *National Defense Magazine*, Dan Ward explica bem o caso. Ele diz o seguinte:

> *O projeto Near Earth Asteroid Rendezvous (NEAR) viajou 2 bilhões de milhas, interceptou o asteroide Eros, coletou dez vezes mais dados do que o previsto e depois deslizou para um pouso suave na superfície de Eros, apesar de não ter sido projetado como um aterrador – foi a primeira vez que uma manobra desse tipo foi executada. Eu chamaria isso de uma vitória.*
>
> *Da mesma forma, a missão Pathfinder para Marte foi planejada para durar menos de um mês, mas continuou por três meses, coletou*

PENSE simples

17 mil imagens e foi um dos momentos mais satisfatórios para a NASA naquela década. Vale a pena saber que Marte é muito difícil de visitar. Apesar de fazer 19 tentativas, os russos nunca chegaram ao Planeta Vermelho. Não só a equipe colocou um hardware de ponta em Marte, eles fizeram isso mais rápido, melhor e mais barato do que a missão Viking de 1970 [...]. Curiosamente, quando você adiciona o custo para todas as 16 missões, o total é menor do que o montante gasto na missão Cassini, que foi do modo tradicional para Saturno. Sim, 16 missões pelo preço de uma.

Claro que havia desafios para a FBC. Depois de sete anos surpreendentes, as coisas pioraram em 1999, quando 5 de 5 missões caíram – algumas vezes literalmente. No fim das contas, apenas 10 das 16 missões alcançaram seus objetivos [...]. Por um lado, 6 falhas em 16 soam como um monte de falhas, mas essa análise não é a melhor e pode até ser enganosa. Após refletir, descobrimos que não há limite para o número de tentativas que podemos fazer. O único fator limitante é quanto tempo e dinheiro podemos gastar.

Portanto, faz mais sentido calcular os resultados por dólar em vez de calcular os resultados por tentativa. Fazendo a conta dessa forma, descobrimos que, durante um período de sete anos, a NASA entregou dez missões bem-sucedidas (e seis falhas) por um valor menor do que o custo de uma missão do passado [...]. O fato de seis projetos terem dado errado é irrelevante porque seus custos foram incluídos no preço total.

A discussão sobre os fracassos da NASA foi muito intensa nos anos 1990, mas em 2004, quando uma nave pousou em Marte e começou a inundar a

Terra com um monte de imagens da superfície marciana, deu para entender como o esforço do FBC valeu a pena. É claro que houve problemas no projeto, e uma das principais críticas de pessoas que conviveram de perto com o FBC é que chegou um momento em que foram surgindo muitos novos processos para ajustar aqueles que não estavam dando tão certo. Além disso, alguns reclamaram que, na NASA, a curva de aprendizado com as missões não era tão rápida quanto deveria ser. Mesmo assim, o FBC criou uma teoria de aprendizado com os erros que não pode ser descartada – e que ajuda demais quem quer empreender. Em um artigo na *Harvard Business Review*, Alan MacCormack, professor do departamento de Tecnologia e Operações da Harvard Business School, seleciona quatro lições que o FBC pode ensinar para os negócios:

> errando diferente, a gente encontra a inovação e aprende mais rápido

1. Determine, previamente, que tipo de feedback você vai precisar sobre o andamento de uma iniciativa e quando você vai querer esse feedback.
2. Não suba a barra da performance antes de ter certeza de que a empresa não vai criar obstáculos. Use o feedback dos seus primeiros esforços para saber o quanto subir (ou baixar) a barra.
3. Implemente programas de gestão do conhecimento para capturar todo o aprendizado importante durante a iniciativa. Crie sistemas e processos para transferir o conhecimento implícito e o explícito.

PENSE simples

4. Quando um projeto for bem-sucedido, descubra por quê. E descubra quais foram os erros que levaram um projeto a falhar.

A NASA tem levado esse raciocínio do FBC e da inovação bem a sério. Tanto que vai dar um prêmio de 2,5 milhões de dólares para quem criar o melhor projeto de um "habitat" para a exploração do espaço usando impressão 3D.[1] Essa é uma maneira inteligente de atrair inovadores do mundo todo em projetos ousados, sem gastar muito. E não pense que isso está restrito apenas à NASA. Várias empresas estão usando a mesma técnica. A Qualcomm, empresa de tecnologia, está oferecendo 10 milhões de dólares para quem conseguir fazer com que apenas um dispositivo de diagnóstico de saúde consiga detectar 13 doenças — e esse dispositivo deve poder ser usado pelo consumidor sem a intermediação de um enfermeiro ou técnico. Um desafio e tanto, mas que atrai, sem elevado custo, várias pessoas interessadas para a empresa. O Google é outro que tem um projeto que parte desse mesmo conceito. Nessa competição internacional batizada de Lunar XPRIZE, a companhia de tecnologia vai dar um prêmio de 30 milhões de dólares para quem conseguir desenvolver um método de exploração robótica do espaço com baixo custo. Os interessados precisarão desenvolver um protótipo que pouse na superfície lunar, ande 500 metros e transmita imagens de alta definição para a Terra. Todas essas iniciativas mostram que há uma preocupação grande pela inovação. E que é impossível inovar sem experimentar.

---

[1] Disponível em: <https://www.nasa.gov/directorates/spacetech/centennial_challenges/3DPHab/index.html>. Acesso em: 7 dez. 2016.

gustavo caetano

experimente (e aprenda) mais

Quando você é uma empresa pequena, e não tem o tamanho e a responsabilidade enormes de uma NASA, errar fica muito mais fácil. As pequenas empresas são ágeis para falhar e consertar — e você precisa explorar esse benefício. Só assim surgem as inovações. Muitos empreendedores cometem um erro que inibe essa característica positiva das start-ups: agir como uma gigante sem ter o tamanho de uma gigante. Se você não tem a estrutura e o tamanho de uma IBM, por exemplo, não tente aplicar a mentalidade da IBM na sua empresa. Isso só vai atrapalhar o processo de desenvolvimento do seu negócio. O que você precisa fazer é abusar das características positivas das start-ups, e uma delas é a agilidade — algo que as grandes empresas sofrem para implantar, por terem processos que as impedem de serem velozes. Por isso, por mais tentador que pareça, não tente copiar as grandes. Em vez de criar milhões de procedimentos, dedique seu tempo a criar um ambiente propício para a experimentação. E experimentação tem a ver com errar rapidamente (sem custos altos) e aprender com os erros. É assim que você vai criar coisas novas e aperfeiçoar seu produto ou serviço.

Na Samba, sempre quis aplicar essa mentalidade na equipe. Por isso, a gente usa a "Regra dos Cavaleiros do Zodíaco" — para quem não lembra ou não conhece, esse mangá foi bem popular quando eu era criança, lá nos anos 1990. No desenho, os Cavaleiros só podem tomar o mesmo golpe uma vez, na segunda vez o golpe já não funciona. Então, a gente começou a usar essa regra para os erros da equipe: todo mundo pode errar, mas só uma vez na mesma coisa. A regra ajuda todo mundo a errar diferentemente e, assim, a gente encontra a inovação e aprende mais

PENSE simples

depressa. Outro ponto importante é que nenhum gestor tem o direito de falar que o funcionário não pode testar (e errar) algum produto ou processo da Samba — a não ser que seja algo muito estratégico e que demande muito cuidado. Se não for, o chefe não pode dizer que não. E, se o cara errar, ninguém vai perder o emprego — vai apenas aprender mais.

Um jeito bacana de estimular essa cultura da experimentação é a nossa Hack Week. A cada seis meses, toda a empresa para durante uma semana para resolver problemas internos ou externos. O pessoal se junta em grupos multidisciplinares, encontra um problema e fica trabalhando na solução. Nesse período, cada colaborador desenvolve um monte de competências. Além de trabalhar a inovação, eles precisam aprender a vender ideias para o time, montar um protótipo de uma apresentação. E ali é um ambiente totalmente controlado em que errar não tem problema nenhum para o negócio — eles vão receber feedbacks constantes de por que a ideia ou a execução não está tão boa assim e como deve ser melhorada. A gente já aproveitou dois projetos que vieram da Hack Week!

A Hack Week nada mais é do que uma volta às origens da Samba, ao momento em que, do lado de profissionais feras no que fazem, a gente experimentou, errou, corrigiu a rota e acertou. Você precisa saber que, no início de uma empresa, vai operar no caos. E aqui a palavra caos é totalmente positiva porque é sinônimo de experimentar — e quanto mais você aprende experimentando, melhor. É importante estar aberto para esse aprendizado.

> as ideias só se transformam em realidade quando você as testa

gustavo caetano

Para Eric Ries, autor do livro *A startup enxuta* (Editora Leya Brasil), um dos preceitos das start-ups de sucesso é que elas seguem o seguinte raciocínio: "Construir-medir-aprender. A atividade fundamental de uma start-up é transformar ideias em produtos, medir como os clientes reagem e, então, aprender se é o caso de pivotar ou perseverar. Todos os processos de start-ups bem-sucedidos devem ser voltados a acelerar esse ciclo de feedback". Quer dizer, o caos serve de aprendizado para quem está disposto a entender que, muitas vezes, o produto pensado não é o produto demandado pelos clientes e para quem compreende que – como já comentei algumas vezes ao longo deste livro – não é possível prever o futuro e que as adaptações precisam ser feitas em tempo real, assim que a necessidade aparece.

Foi isso que aconteceu com o pessoal do Flickr, por exemplo. Em 2002, os canadenses Stewart Butterfield e Caterina Fake, dois web designers, começaram uma empresa que viria a se transformar no Flickr – detalhe, a empresa surgiu duas semanas depois de eles voltarem da lua de mel. Sim, os dois eram marido e mulher! O casal queria criar um joguinho on-line chamado Game Never Ending (ou "o jogo nunca termina") em que as pessoas iam interagir trocando objetos, comprando e vendendo coisas. Eles começaram em 2002 e, seis meses depois, estavam se sentindo empacados. O tempo tinha sido gasto para fazer o desenvolvimento do site, e eles estavam precisando desesperadamente de capital para investir na ideia. "A gente já estava pensando em qual móvel poderíamos vender para fazer pagamentos *[da equipe que eles tinham contratado]*", disse Caterina em uma entrevista para a revista norte-americana *Inc*. A coisa estava meio feia, e eles quase não viam saída. Então, já em 2003, foram

PENSE simples

participar de uma conferência voltada para o mercado de games, em Nova York. Contudo, no avião, Stewart começou a se sentir mal, foi piorando no caminho de táxi até o hotel e passou a noite em claro, no banheiro. Caterina acordou de um cochilo com Stewart dizendo: "Eu tive uma ótima ideia. Vamos fazer um site de compartilhamento de fotos". Era possível adaptar o que eles já tinham para a nova ideia, afinal, uma das ideias para o joguinho é que os usuários compartilhassem imagens – e essa era a parte mais bem desenvolvida do projeto. "Só tínhamos dinheiro para um último tiro e sabíamos que poderíamos implantar o Flickr mais depressa do que o jogo. Mas, primeiro, tivemos que convencer a equipe. Eles estavam lá para construir um game", disse Caterina para a *Inc*. A equipe ficou meio descrente, mas o casal conseguiu convencê-los da mudança. Naquele momento, eles estavam tão sem grana que o único funcionário que continuava recebendo salário era pago porque tinha três filhos para criar. "Então, logo antes do Natal, recebemos a carta da Telefilm [uma agência canadense de pequenas empresas que concede empréstimos de filmes, música e mídia a companhias que são reembolsadas somente se o projeto se tornar lucrativo], informando que tínhamos conseguido um empréstimo de até 450 mil dólares canadenses – algo que tínhamos pedido no ano anterior e não conseguimos. Se tivéssemos recebido o empréstimo no final de outubro, teríamos ficado presos ao jogo, e o Flickr não existiria", disse Caterina à *Inc*. Em fevereiro de 2004, então, o Flickr foi lançado. No começo, Caterina e um profissional da equipe ficavam o dia inteiro on-line para conversar com os novos usuários. Eles agradeciam pela visita, explicavam como o site funcionava, tiravam dúvidas, pediam opiniões e cometiam vários deslizes, é claro. "Fizemos todos os tipos de coisas estúpidas. Mas o nosso slogan não oficial era: 'F* rápido'. Cometer erros rapidamente, aprender com eles e passar por eles", disse Caterina à *Inc*. Com essa mentalidade de operar no caos e olhar para os erros não com raiva, mas como boas oportunidades de aprendizado, o Flickr virou o que virou. Em março de 2005, um ano depois do lançamento, o Yahoo comprou a empresa por 35 milhões de dólares. E eles só alcançaram esse sucesso porque conseguiram validar a hipótese – de que compartilhar fotos tinha mais futuro do que fazer um game social – e porque aprenderam com os erros ao longo do processo. Se você não coloca uma ideia em prática, não vai conseguir validá-la. É só colocando a mão na massa que você vai errar depressa e aprender depressa.

pinos de boliche

Outro insight interessante sobre se transformar e operar na incerteza vem da Netflix, hoje a mais representativa empresa de vídeos on-line do mundo. Descobri uma parte da história da companhia em 2015, quando falei em um evento de empreendedorismo, tecnologia e cultura, o South by Southwest (SXSW), no Texas. Durante a palestra de Todd Yellin, ele contou que o grande negócio da companhia era o delivery de DVDs físicos. Esse era o core da empresa e os grandes desafios eram reduzir os custos da compra e da manutenção dos DVDs e otimizar as entregas, mas isso a companhia fazia muito bem. O desafio, de verdade, era ir além. Em uma reunião com a diretoria, Todd levou uma provocação para os dirigentes: "a gente já está no cume de uma montanha, a do delivery de DVDs, como é que vamos fazer para escalar outra montanha?". E a resposta foi: a gente precisa testar. Naquele momento, a montanha que estava surgindo

PENSE simples

no horizonte era a de streaming de vídeos. Então, a Netflix resolveu entrar devagarinho no mercado — afinal, aquela montanha podia ser facilmente uma miragem. A companhia separou 8% de seu conteúdo para ser usado pelos clientes via internet e começou a fazer testes. Quando um cliente entrava no site da Netflix, tinha 90% de chances de ver a mensagem "alugue um DVD sem sair de casa" e 10% de chances de se deparar com o anúncio "Veja seus filmes preferidos por streaming on-line". Esse foi um jeito de validar se a nova montanha era real ou não. Em um primeiro momento, a maioria das vendas era feita para o aluguel tradicional dos DVDs, mas chegou uma hora em que o streaming estava convertendo mais vendas do que o DVD. Aí a Netflix ligou o sinal de alerta para o novo e inverteu a estratégia: a maioria dos clientes entraria no site e enxergaria o anúncio do streaming. E a estratégia deu muito certo. Tanto que, hoje, aquela locadora de DVDs que ficava perto da sua casa deve ter se transformado em outra loja porque ninguém mais aluga filmes, a maioria das pessoas vê vídeos on demand, seja na Netflix, seja em seus concorrentes.

A lição da Netflix é que você, como empreendedor, precisa estar de olho sempre em novas montanhas. Não adianta ter, hoje, um negócio que dá muito dinheiro e não olhar para o que vem pela frente — lembra da história da fábrica de isopor do meu avô? Pois é. Você tem de experimentar outros mundos e não pode achar que dá para abrir mão do teste, mesmo com uma empresa totalmente consolidada. A estratégia para que essas experimentações deem certo é a da Netflix: foque um pino de boliche por vez.

O que eu quero dizer com isso é o seguinte. Quando você já dominar plenamente o problema para o qual desenvolveu soluções, comece a partir para um próximo pino. Se você ficar estagnado no pino inicial, vai perder o bonde da inovação. Ao mesmo tempo, tome cuidado para não pular para o próximo desafio depressa demais, senão ficará com dois grandes problemas para resolver ao mesmo tempo. Passe para a próxima etapa apenas quando notar que a sua solução já está madura – um sinal disso é quando começam a surgir no mercado produtos parecidos com o seu. Se a concorrência está imitando você, é hora de ficar à frente dela.

> foque um pino de boliche por vez

Essa é a filosofia que eu adoto na Samba. Quando a gente dominou o mercado de vídeos para empresas de mídia, fomos para outro pino: o da educação, e começamos a fazer vídeos para ajudar as universidades a desenvolver seus cursos de educação a distância. E, quando dominamos esse mercado também, partimos para o mundo corporativo, ajudando as empresas com soluções de vídeo para comunicação interna. Nossa grande novidade nesse pino corporativo é o Kast, um produto que é como se fosse um Snapchat para as empresas. A ideia veio de uma conversa com Cyro Diehl, que era, na época, CEO da Oracle no Brasil. Ele me disse que toda vez que tinha de fazer um vídeo para comunicar uma novidade da Oracle, demorava demais entre produção e aprovação. E, como a Oracle tinha novidades praticamente toda semana, era complicado esperar tanto tempo para que os vídeos ficassem prontos. Aí, deu o estalo: e se a gente fizesse uma solução rápida, mobile e segura para as empresas? Fui validar a minha ideia com gente grande do

PENSE simples

mercado de tecnologia com quem eu já tinha entrada, como o Rodrigo Kede, presidente da IBM, e a Paula Bellizia, presidente da Microsoft. Eles adoraram, disseram que tinham a necessidade, só que ninguém havia criado um produto desses com a segurança necessária para circular informações que, às vezes, são confidenciais. Pronto, estava ali o meu novo pino. Então, começamos a desenvolver o produto de modo que o acesso se dê apenas com e-mail e senha corporativos dos usuários. Assim, um concorrente não consegue acessar a informação de outro – mesmo que queira muito! O Kast está em testes, e aqui na Samba já estamos pensando em quais serão as próximas montanhas, nossos próximos pinos de boliche. É assim, com esse pensamento sempre nas próximas soluções, que os empreendedores conseguem fazer *strikes* incríveis.

CAVALEIROS E PINOS

Nesse vídeo, eu conto a história da Regra dos Cavaleiros do Zodíaco da Samba e explico por que mirar em novos pinos de boliche é essencial para o desenvolvimento de um negócio.

teste

VOCÊ ESTÁ ABERTO PARA AS FALHAS?

Neste exercício, o objetivo é se conhecer melhor para entender se tem uma mentalidade aberta para os erros e a aprendizagem e o que ainda deve fazer para melhorar sua capacidade de enxergar as falhas como oportunidades de crescimento.

1. Quais foram os três maiores erros que você cometeu na sua vida profissional? Descreva detalhadamente cada um deles abaixo.

A. _____
_____
_____
_____

B. _____
_____
_____
_____

C. _____
_____
_____
_____

2. Quando você cometeu um desses erros, quais sentimentos foram mais fortes?
_____
_____
_____
_____
_____

3. Olhando em retrospecto, quais foram as lições mais preciosas que você aprendeu com os mencionados erros? Liste pelo menos duas.
_____
_____
_____
_____
_____

4. Pense em como poderá aplicar essas lições na sua vida prática. De que maneira você acha que consegue usar o que aprendeu para empreender? Explique detalhadamente abaixo.
_____
_____
_____
_____
_____

5. Agora é hora de refletir sobre seus novos aprendizados em geral. Quais foram as três últimas coisas que você aprendeu e como você as aprendeu? Não importa se na sua vida pessoal ou na profissional.

A. _____
_____
_____

B. _____
_____
_____

C. _____
_____
_____
_____

6. Quando você aprende algo novo, como se sente?
_____
_____
_____
_____
_____
_____

7. Usando as respostas anteriores, quero que você reflita um pouco sobre como se sente unindo duas coisas: erros e aprendizado. Quais são os aspectos positivos dessas situações para a sua vida?
_____
_____
_____
_____
_____
_____

Agora que já respondeu a todas as perguntas, releia cada uma das respostas com calma. E pense sobre a sua postura em relação ao aprendizado e aos erros. É uma postura positiva, aberta para o novo? Se sim, você está agindo como um empreendedor que quer evoluir, mas se sua atitude for mais reativa, avalie o que pode mudar para não temer tanto as falhas. Você deve ter percebido que, para cada erro, há uma boa lição a ser absorvida.

PENSE simples

cinco pontos nos quais você precisa prestar atenção ao procurar o sucesso:

1. *Seja cauteloso com os sucessos que custam muito caro, que exigem que você enfrente estresse e pressão altos demais. Eles acabam bloqueando a sua mente e impedem que sucessos mais criativos voltem a acontecer.*

2. *Procure sucessos que causem menos desgaste de sua energia mental e que exijam pouco gasto do seu orçamento. Esse tipo de sucesso é o que aumenta a sensação de que você é capaz de realizar algo importante e que renove a sua vontade de fazer.*

3. *Muitos sucessos seguidos podem trazer acomodação, diminuindo os desafios a serem superados e a sua paixão por seguir fazendo sucesso com criatividade.*

4. *Adotar a atitude do "mais rápido, melhor e mais barato" amplia as chances de sucesso, pois esse raciocínio eleva o desempenho da criatividade, o comprometimento pessoal e a paixão pelo projeto que está sendo executado.*

5. *Quanto mais enxuto for o seu orçamento, maior será o número de tentativas que você terá de fazer e, consequentemente, maiores serão as suas chances de acertar.*

9

o sucesso
começa
pequeno

Nos dias de hoje, não dá mais para ter tanto medo de empreender. Como expliquei nos capítulos anteriores, temos, nas nossas mãos, todo o potencial para ter uma ideia, desenvolvê-la e colocá-la em prática sem precisar de investimentos milionários. Quando você enxerga uma solução para um problema que ninguém tinha se dado conta de que poderia ser resolvido daquela maneira, não importa o seu tamanho; o que importa é o tamanho (e o alcance) da sua ideia. O que eu quero dizer com isso é que todo grande empreendedor começou pequeno. Lembra do meu início na Samba? Éramos eu e um amigo indo enfrentar o mundo. Em 2003, eu estava dormindo no sofá de um amigo para economizar dinheiro e vender minha ideia. Treze anos depois, estou aqui, em Belo Horizonte, em um escritório bonitão com mais de 100 funcionários e começando a levar a operação da Samba para os Estados Unidos. Não somos uma empresa grande, mas o alcance dos nossos produtos é enorme, por isso somos líderes do mercado de vídeos para televisão e educação na América Latina. Pode testar: se não está no YouTube ou no Vimeo, o conteúdo está na Samba.

Ao longo do livro, expliquei vários pontos que me ajudaram nessa trajetória bem-sucedida de empreendedorismo, mas queria reforçar aqui um

PENSE simples

> não se assuste com o seu tamanho

ponto. A Samba virou o que virou porque a gente foi certeiro em resolver e antecipar os problemas dos nossos clientes. Conseguimos fazer isso porque estamos abertos ao novo e porque sempre converso com gente que pode agregar novas ideias e conhecimentos. É aquela história de que tubarão só nada com tubarão. Trocar ideias com os feras do mercado é uma das coisas que tem me ajudado – e muito – a desenvolver a Samba. Para isso, você só precisa de um aparato muito simples: seu ouvido. Ninguém sabe os problemas dos outros sem conversar com eles. Então, escute mais; mas só ouvir distraidamente o que as pessoas têm a dizer não vale. É fundamental praticar uma escuta ativa. Isso quer dizer que, quando estiver conversando com alguém, preste atenção de verdade naquela pessoa. Nada de ficar checando o celular, de desviar o olhar para a tela do computador ou de deixar o cérebro devanear com um problema seu. A escuta ativa acontece quando você vive o momento da conversa intensamente e demonstra a seu interlocutor que está disposto a entender, de verdade, o ponto de vista, as inquietações e os problemas dele. Quando há uma disposição para ouvir, você consegue se conectar com o outro. E é da conexão que nascem as boas ideias.

Se eu não tivesse desenvolvido muito essa habilidade, teria deixado passar fatos que foram fundamentais para o crescimento da Samba, como ouvir o problema que o pessoal da TV tinha com as fitas Betamax ou perceber que os executivos precisavam de uma solução mais ágil e segura para compartilhar vídeos internamente em suas empresas. Ouvir é uma lição de humildade também. Quando comecei a pensar sobre a expansão da Samba para os Estados Unidos, de levar o Kast para o mercado norte-americano, uma das primeiras atitudes que tomei foi procurar pessoas que pudessem me ajudar a entender quais eram os riscos e as vantagens de fazer esse movimento. Conversei muito com o pessoal da Microsoft, que é nosso parceiro tecnológico nesse processo. E conversei muito com o José Augusto Schincariol, que é o investidor desse projeto; mas, muito mais do que firmar parcerias estratégicas, falar com esse pessoal ajuda a ter uma visão do todo, dos prós e dos contras. Às vezes, quinze minutos de prosa valem mais do que dezenas de planos estratégicos. Por isso, comece a desenvolver a sua escuta ativa. Procure as pessoas porque você quer, genuinamente, ouvir o que elas têm a dizer. É ouvindo que você vai aprender de verdade e enxergar os problemas.

comece pequeno mesmo

Muito da minha veia empreendedora surgiu ainda na faculdade, no momento em que eu quis entrar na empresa júnior da ESPM. Era lá por 2001 quando eu tomei essa decisão. O meu raciocínio foi o seguinte: se eu entrar na empresa júnior, vou conseguir aprender quais são todos os processos de uma companhia – uma oportunidade que, não necessariamente, eu teria se fizesse um estágio logo de cara. Via que os meus amigos que estagiavam não conseguiam ter esse olhar mais holístico dos negócios, então achei que seria uma ótima oportunidade. Eu me candidatei, consegui a vaga e fiquei dois anos trabalhando lá. E, olha, recomendo muito a experiência. Ali, éramos poucos, mas tínhamos todas as responsabilidades e as experiências de uma empresa de verdade. Consegui aprender muito sobre processos de decisão,

PENSE simples

estratégia e execução que são fundamentais para um empreendedor. Então, se você tiver a oportunidade de trabalhar em um local assim, aproveite. Além do aprendizado, o legal é que a empresa júnior é um ambiente de testes. Quer dizer, você pode errar — e aprender depressa, é claro — que o mundo não vai desabar na sua cabeça. Isso é muito importante para o seu desenvolvimento pessoal e para você entender quais são os reais desafios de um empreendedor. Se tiver a chance, comece pequeno na empresa júnior. Certamente a experiência vai ajudá-lo muito a ter sucesso como empreendedor.

Outro jeito de começar é fazer o *crowdsourcing* do seu produto ou, no bom português, uma construção colaborativa de ideias. Esse termo, que está muito presente no mundo do empreendedorismo atual, começou a surgir em 2005 e serve para explicar "o processo de obtenção de serviços, ideias ou conteúdo mediante a solicitação de contribuições de um grande grupo de pessoas e, especialmente, de uma comunidade on-line, em vez de usar fornecedores tradicionais ou uma equipe de empregados", como está explicado na Wikipédia — aliás, um grande processo de *crowdsourcing*, pois depende da contribuição de várias pessoas para existir. A principal vantagem de um pensamento desse tipo é que ajuda na oxigenação de ideias porque você consegue captar insights de várias pessoas, algumas com experiências totalmente diferentes das suas, o que só agrega mais conhecimento para você.

Para começar a fazer *crowdsourcing* da sua ideia de negócio, você pode compartilhar seu plano com pessoas nas quais você confia — pode usar o e-mail, criar um grupo de WhatsApp/Facebook/LinkedIn específico para isso — e pedir que elas deem insights, façam críticas e sugestões. Também vale compartilhar os problemas que estão fazendo você perder o sono e ver o que aquelas pessoas têm a lhe dizer. O único cuidado é estar aberto a opiniões que, nem sempre, serão as que você quer ouvir – afinal, o *crowdsourcing* não serve para massagear seu ego. Serve, isso sim, para você evoluir, melhorar sua ideia e ter uma noção da temperatura do mercado – quer dizer, saber se tem ou não demanda para o que você está oferecendo.

Esse negócio de *crowdsourcing* é tão importante para os negócios hoje em dia que tem até gente grande fazendo. O Starbucks, a rede de cafeterias mais conhecida do mundo, tem um projeto desse tipo batizado de *My Starbucks Idea*, que abre espaço para que qualquer pessoa – funcionário do Starbucks ou não – faça sugestões sobre o futuro da companhia. As ideias ficam abertas, são avaliadas pelo público e analisadas pelos executivos da companhia. Se alguma delas é implementada, o Starbucks dá o crédito a quem teve a ideia. Há projetos sensacionais saindo dali. Um deles, inspirado em três ideias, criou uma campanha de preservação do meio ambiente que fez com que a companhia, desde 2015, adotasse copos recicláveis em 100% de suas lojas.

Iniciativas como a do *crowdsourcing* revelam muito sobre o mundo dos negócios atual, que é mais aberto e muito mais colaborativo. A economia compartilhada, que é um dos desdobramentos desse jeito de fazer negócios de hoje, não para de crescer – e de gerar novos empreendedores e novos empregos no mundo todo. Um levantamento do site *Venturebeat*, especializado em tecnologia e inovação, mostrou que, em 2015, a economia compartilhada criou empresas que, juntas, valiam 17 bilhões de dólares e empregavam 60 mil pessoas[1] – entre elas estão companhias como Airbnb, Uber e Etsy, por exemplo. Esses números são assombrosos, no bom sentido,

---

1 Disponível em: <http://venturebeat.com/2015/06/04/the-sharing-economy-has-created-17-billion-dollar-companies-and-10-unicorns/>. Acesso em: 7 dez. 2016.

PENSE simples

e mostram que essa tendência de fazer negócios de maneira mais orgânica, com muita gente colaborando, veio para ficar.

    Por isso, fique aberto para as ideias e para a colaboração das outras pessoas – mesmo que, em um primeiro momento, você ache que o que estão lhe sugerindo é totalmente maluco. Na Samba, a gente tem essa cultura de ouvir tudo e todos. E temos, de maneira estruturada, a cultura de dedicar 30% do nosso tempo à inovação – e 10% deles são dedicados ao que chamamos de *crazy projects*, ou seja, projetos que não precisam ter, necessariamente, nada a ver com nada na empresa, mas que sejam totalmente inovadores. O que aprendi é que, quanto mais você pensa loucamente, mais ideias reais, aplicáveis e necessárias surgem. No nosso caso, colocamos em prática cinco *crazy projects*, que são fundamentais para o nosso crescimento. O Kast, nosso "Snapchat corporativo", foi um deles. Tínhamos a observação do problema, mas precisávamos desenvolver o projeto. Então, destacamos um time que trabalhou durante três meses na criação de um protótipo. Para a gente, o Kast era um *crazy project* por duas razões: o modelo de negócios era totalmente diferente do que o que tínhamos na Samba, porque fazemos uma cobrança pelo serviço de um jeito que nunca fizemos antes (o plano básico é gratuito e só vamos cobrar pela utilização no plano premium), e era a primeira vez que desenvolvíamos uma solução que só pode ser usada para mobile. E essa é exatamente a lógica dos *crazy projects*: experimentar coisas que nunca fizemos com modelos de negócios totalmente desconhecidos. É pura inovação. Outro produto que também nasceu com base nesse raciocínio é o Samba Play, lançado em janeiro de 2016. Basicamente, é uma aplicação que permite que qualquer pessoa monte seu próprio canal, no estilo Netflix, sem precisar saber programar. O programa cuida de tudo o que os clientes precisam, como pagamentos, gestão de usuários e proteção do conteúdo. A nossa experimentação, nesse caso, não foi tanto na tecnologia, mas no modelo de negócio, que é baseado em divisão de receitas (*revenue share*), o que significa que a gente só ganha dinheiro se os nossos parceiros e os nossos clientes ganharem dinheiro também.

Esses projetos começaram pequenininhos, mas se tornaram importantes para o desenvolvimento do negócio da Samba. E é assim mesmo que as coisas acontecem: primeiro, parecem minúsculas, depois ganham corpo e crescem de um jeito que se tornam fundamentais. Sei que já falamos sobre os "Davis" e os "Golias", mas eu queria que essa ideia ficasse muito clara para você: não se assuste com o seu tamanho. Você pode começar no seu quarto, apenas com um notebook, um smartphone e uma ideia na cabeça e fundar um negócio sustentável e que gere muita felicidade e satisfação para você.

E não adianta dizer: "Ah, mas isso não acontece aqui no Brasil, a gente não tem ambiente para empreender por aqui...". Temos, sim. Não vou dizer que é fácil como nos Estados Unidos, mas, a cada ano que passa, melhor fica esse ambiente – seja em termos de recursos, seja em termos de bons exemplos. Quem quer saber onde é melhor empreender no país pode dar uma olhada na pesquisa Índice de Cidades Empreendedoras *Brasil 2016*,[2] da Endeavor, um projeto que a companhia realiza desde 2014 e que ranqueia os melhores municípios para quem quer abrir um negócio em termos de ambiente regulatório, infraestrutura, mercado, acesso a capital, inovação, capital humano e cultura empreendedora. O índice final, que leva em conta todas essas características para ser feito, ficou assim:

---

[2] Disponível em: <https://d335luupgsy2.cloudfront.net/cms%2Ffiles%2F6588%2F1479379347ICE+2016+-+Links+V1.pdf>. Acesso em: 7 dez. 2016.

PENSE simples

ÍNDICE DE CIDADES EMPREENDEDORAS
BRASIL 2016 / ENDEAVOR

	Cidade	Pontuação	Variação	
1º	São Paulo	8,493	0	—
2º	Florianópolis	8,324	0	—
3º	Campinas	7,300	2	▲
4º	Joinville	6,962	5	▲
5º	Vitória	6,937	-2	▼
6º	São José dos Campos	6,864	0	—
7º	Porto Alegre	6,751	0	—
8º	Sorocaba	6,715	7	▲
9º	Maringá	6,440	2	▲
10º	Ribeirão Preto	6,434	2	▲
11º	Belo Horizonte	6,429	2	▲
12º	Caxias do Sul	6,396	4	▲
13º	Blumenau	6,324	7	▲
14º	Rio de Janeiro	6,228	-4	▼
15º	Curitiba	6,118	-7	▼
16º	Brasília	5,891	3	▲
17º	Uberlândia	5,819	1	▲
18º	Recife	5,773	-14	▼
19º	Londrina	5,706	-2	▼
20º	Aracaju	5,620	3	▲
21º	Goiânia	5,619	-7	▼
22º	Natal	5,541	3	▲
23º	Teresina	5,487	8	▲
24º	Cuiabá	5,455	4	▲
25º	Salvador	4,961	-1	▼
26º	Belém	4,948	3	▲
27º	João Pessoa	4,945	-5	▼
28º	Manaus	4,944	-2	▼
29º	Fortaleza	4,826	1	▲
30º	São Luís	4,768	-3	▼
31º	Campo Grande	4,667	-10	▼
32º	Maceió	4,314	0	—

gustavo caetano

O legal é que não são apenas capitais nessa lista e que há locais no interior muito interessantes para abrir uma empresa. Junte-se a isso aquele outro índice, o da Associação Brasileira de Startups, que disse que houve um aumento de 18,5% no crescimento de start-ups no Brasil em 2015, e a gente percebe, claramente, uma onda empreendedora no país. E eu quero falar sobre o empreendedorismo brasileiro agora, para você ver que não precisa ser gringo e morar no Vale do Silício para empreender de maneira inovadora.

inovação em um mercado tradicional

Se existe uma empresa nacional que eu admiro é a Reserva, marca de roupas do carioca Rony Meisler. A companhia é interessante porque conseguiu inovar muito em um mercado totalmente tradicional. A história da Reserva começou, como comentei, quando Rony estava malhando na academia e viu cinco homens usando exatamente a mesma bermuda. Eram iguaizinhas. Então, ele e seu sócio, o publicitário Fernando Sigal, pensaram: por que não fazer roupas descontraídas que sejam mais autênticas? Isso em 2006. Rony ainda trabalhava na Accenture, uma consultoria global, e a saída foi começar a testar o negócio de roupas no tempo livre. Em dezembro, ele e Fernando produziram 300 bermudas com a frase: "Be yourself, but not always the same", ou "Seja você mesmo, mas nem sempre o mesmo", que é o título de um CD do Gabriel, o Pensador. Fizeram e saíram vendendo entre os amigos. Foi um sucesso. Então, Rony e Fernando perceberam que havia muita demanda para um tipo de roupa que não era produzida no Brasil. Havia um mercado superpromissor.

Com um investimento pessoal de 50 mil reais, em 2006 os sócios deixaram seus empregos de carteira assinada e mergulharam no projeto Reserva.

PENSE simples

> é da conexão que nascem as boas ideias

No começo, vendiam peças diretamente para revendedores, porque não tinham loja física. Rony alugou um carro, colocou tudo o que tinham de roupa no porta-malas e saiu com Fernando batendo à porta dos revendedores, apresentando a marca, fazendo propaganda. Deu supercerto e o boca a boca saiu do Rio de Janeiro. O segundo passo de Rony foi alugar um quarto de hotel em São Paulo para atender os revendedores interessados. Era aquela coisa de empreendedor no começo: criatividade para fazer acontecer sem todos os recursos necessários. E a marca cresceu muito, em pouco tempo. Hoje, a marca tem lojas no Brasil inteiro, vende pela internet e emprega mil pessoas. Por que deu certo? Porque eles foram inovadores ao fazer roupas para os brasileiros, do jeito dos brasileiros. No site da Reserva eles se definem assim: "Não fazemos roupa para astronauta. Acreditamos que o consumidor brasileiro é básico e temos o maior prazer em fazer o que nossos clientes gostam de usar. Nossas peças têm qualidade premium, design clássico reinventado para o guarda-roupa masculino e prezam pela versatilidade de uso: no trabalho, em casa, na balada, na praia, no casamento ou no chopinho. Tem hora e gosto pra tudo. E tem até uma linha que chamamos de 3G, feita pra pessoas acima das medidas padrões do mercado".[3]

É isso. É simples, mas era uma necessidade de mercado que ninguém atendia! Fazer roupas boas, de qualidade, com o jeito descontraído que é a

---

[3] Disponível em: <https://www.usereserva.com/usereserva/institucional/produtos>. Acesso em: 7 dez. 2016.

nossa cara. Além disso, eles são muito bons em gestão de pessoas. Para você ter uma ideia, no cartão de visitas de Rony não está escrito "presidente" e, sim, "sorridente"! Ele divide o seu foco entre os negócios e as pessoas porque acredita, como eu, que gente feliz e engajada produz mais e melhor. "O que é mais valioso, afinal: um montão de gente indo trabalhar ou o mesmo montão de gente indo fazer o que ama num lugar em que ama estar?", disse ele em uma entrevista à revista Você S/A.[4] O esforço dos primeiros anos, de começar minúsculo, rodando de carro alugado pelo Rio de Janeiro, batendo de porta em porta, não foi em vão. Em 2016, a marca faturou 300 milhões de reais e abriu a primeira loja em Santa Catarina – no total, são 38 lojas próprias, além de 9 endereços da Reserva Mini (para crianças) e três da Eva (para mulheres).[5] Sabe por que esse sucesso? Por causa da paixão dos sócios. E da paixão surgiu uma empresa que consegue se conectar com o público de um jeito muito certeiro.

Outro caso legal de empreendedorismo brasileiro vem da Rock Content, empresa que tem como objetivo se tornar referência no marketing de conteúdo no Brasil. Para isso, a ideia dos sócios Edmar Ferreira, Diego Gomes e

CRAZY PROJECTS

Nesse vídeo, eu conto mais sobre a importância dos *crazy projects* para a Samba e mostro quais ideias vindas desse processo estão ajudando a empresa a crescer.

---

4 Disponível em: <http://exame.abril.com.br/carreira/a-lideranca-irreverente-e-inovadora-do-fundador-da-reserva/>. Acesso em: 7 dez. 2016.
5 Disponível em: <http://dc.clicrbs.com.br/sc/colunistas/whats-up/noticia/2016/11/chegando-a-floripa-rony-meisler-comemora-uma-decada-de-reserva-e-faturamento-acima-de-r-300-milhoes-8373082.html>. Acesso em: 7 dez. 2016.

PENSE simples

Vitor Peçanha era criar uma rede de redatores freelancers que pudessem gerar conteúdo relevante para empresas e marcas – está aí, de novo, a história da economia colaborativa. Eles começaram pequenos, sozinhos, tendo a ideia os três juntos, nas horas vagas. "Você começa fazendo seu projeto no tempo livre. Aí tem de começar a adaptar sua vida para que esse projeto novo comece a evoluir. Então, chega aquele dia da decisão: preciso largar meu emprego, ficar por conta e me dedicar 100% ao projeto. Talvez você fique sem dinheiro, talvez tenha de voltar para a casa dos pais",[6] disse Vitor em uma entrevista para o site *Conta Azul*. O pessoal da Rock Content arriscou. E as coisas começaram a decolar quando eles foram selecionados para o projeto Start-up Chile e conseguiram seus primeiros investidores. Em dois anos, a start-up passou de 3 pessoas para uma equipe com mais de 100 profissionais, já atendeu mais de mil clientes e conquistou mais de 6 milhões em investimentos. No começo, tudo era risco, mas quando você tem o sonho de empreender, você paga para ver. E, se a sua ideia faz sentido, a chance de retorno é muito alta.

como ser disruptivo – mesmo sendo pequeno

O pessoal do site TechNode *fez uma entrevista com Sangeet Paul Choudary, criador do blog Platform Thinking, em que ele conta, entre outras coisas, como ser disruptivo – uma característica essencial para as start-ups. Veja quais são os três pontos, segundo Sangeet, em que você deve prestar atenção para atuar de maneira disruptiva.*[7]

---

6 Disponível em: <https://blog.contaazul.com/contaazul-o-tom-certo-na-gestao-da-rock-content/>. Acesso em: 7 dez. 2016.

7 Disponível em: <http://technode.com/2014/02/05/platforms-are-eating-the-world-platform-based-businesses-poised-for-explosive-growth-in-2014/>. Acesso em: 7 dez. 2016.

gustavo caetano

1. **Observe empresas que estão se tornando ineficientes.** *A indústria de mídia é um exemplo. O modelo editorial tradicional está ruindo com a possibilidade de qualquer pessoa gerar conteúdo. O YouTube altera o modo como descobrimos novos talentos. A Amazon permite que qualquer pessoa se autopublique. A internet só sopra os ventos da mudança e as start-ups podem ser disruptivas e mudar essas indústrias.*

2. **Observe indústrias que têm acesso a uma demanda específica.** *Assim como os gatekeepers (aqueles que controlam a informação) têm acesso privilegiado às métricas de marketing, algumas indústrias têm acesso para fornecer algo que é pouco disponível no mercado. Hotéis, por exemplo, eram as únicas empresas que tinham oferta de quartos vagos. E companhias de táxi eram as únicas que podiam fornecer transporte de carro. Essas duas indústrias estão sendo chacoalhadas por start-ups que permitem que qualquer pessoa comercialize um quarto ou um serviço de motorista.*

3. **Observe indústrias fragmentadas.** *Start-ups da internet normalmente agregam negócios ou serviços que estavam fragmentados. Olhe o que o LinkedIn está fazendo no setor de contratações; ou o que o Yelp e o OpenTable fazem para o mercado de restaurantes e o de jornalismo de serviços; ou o que o redBus tem feito para a indústria de ônibus; ou o que o CommonFloor está fazendo para a manutenção de condomínios. Essa agregação é impossível sem a internet. É aí que se criam start-ups de alto valor.*

10

não acredite no "sempre foi assim"

Uma frase que marcou muito a minha carreira de empreendedor foi aquela que ouvi do diretor da TV Globo quando, ao descobrir que eles usavam fitas como parte do processo de trabalho com as produtoras de comerciais, perguntei por que eles faziam aquilo e a frase que ele usou foi: "Porque sempre fizemos assim". Ele nem se dava conta de que tinha um problema e de que poderia haver uma solução para otimizar o tempo, melhorar os resultados e facilitar o trabalho das equipes. Como o processo tinha sido feito sempre daquele jeito, nem pensava sobre o assunto. A frase me levou a criar uma solução. E é com essa frase na cabeça que os empreendedores devem ficar. Pensem, o tempo todo, no "sempre foi assim" – e não importa se aquele método problemático é pequeno ou grande. O que importa é desenvolver um modo de melhorar a vida das pessoas que estão presas a esse "sempre foi assim". É isso que leva até a inovação.

O interessante, no mundo em que vivemos, é que nós, os empreendedores que não têm medo de começar pequeno, temos muito mais chances de modificar o modo como as coisas são feitas do que as grandes corporações. Como disse nos outros capítulos, há vários "Davis"

PENSE simples

> comece agora.
> a inovação
> não espera

derrotando "Golias" grandiosos e ninguém se importa tanto com o tamanho do seu escritório, o que importa é o tamanho da sua solução.

E qualquer um pode encontrar uma boa solução. Espero que, depois destas páginas, você esteja mais próximo de ser uma pessoa que, como eu, conseguiu conectar problemas e soluções e desenvolver ideias interessantes para muita gente. Steve Jobs, o criador da Apple, disse uma coisa muito encorajadora nesse sentido: "Todas as coisas que estão ao seu redor e que você chama de vida foram criadas por pessoas que não eram mais espertas que você".[1] O que ele quis dizer com isso? Simplesmente que o mundo não é formado apenas por gênios e que qualquer um que tenha um olhar afiado pode criar produtos, serviços ou processos que melhoram drasticamente a nossa vida.

Para conseguir fazer isso, é importante estar atento aos problemas dos outros e adotar as lições de criatividade[2] que a revista norte-americana *Fast Company* listou com base nas trajetórias dos profissionais que integraram a lista de 100 pessoas mais criativas de 2016. São elas:

---

1 Disponível em: <http://revistapegn.globo.com/Colunistas/Marcelo-Nakagawa/noticia/2013/07/10-licoes-de-empreendedorismo-de-steve-jobs.html>. Acesso em: 7 dez. 2016.

2 Tradução livre de texto disponível em: <https://www.fastcompany.com/3059442/most-creative-people/15-lessons-of-creativity-for-2016> (em inglês). Acesso em: 7 dez. 2016.

1. **O impossível acontece..., mas só se você tentar**
   Quer dizer, não adianta ficar só no mundo da imaginação. É preciso testar a sua ideia – e falhar depressa, quando necessário.

2. **As oportunidades estão sempre se expandindo**
   Se uma coisa deu errado, não desista. As oportunidades só crescem para quem está atrás da inovação.

3. **Sonhe com o que não existe**
   Quem não sonha não faz diferente. Então, sonhe. Depois, veja se o seu sonho tem aplicação na realidade.

4. **O que é tabu é o que importa**
   Seja corajoso para tratar de assuntos dos quais ninguém trata – ouse desafiar o "sempre foi assim".

5. **Toda comunidade precisa de um ídolo**
   Quando você é ousado e tem certo sucesso, muita gente começa a enxergar você como inspiração, como exemplo. Por isso, empreender não é bom apenas para você, é bom para toda a comunidade.

6. **O ambiente de trabalho pode ser agradável**
   Se você cria uma empresa em que as pessoas gostam de estar, estimula que os funcionários se sintam parte do negócio e, consequentemente, que eles trabalhem felizes, tendo boas ideias e aumentando a criatividade dos negócios.

PENSE simples

7. Fique atento a tudo

É da observação que surgem boas ideias, então não fique restrito ao seu mundo.

8. A competição é combustível

Você sempre precisará competir com alguém, seja com uma grande empresa, seja com outra start-up. Faz parte do jogo. Use essa competição como combustível para fazer melhor.

9. Mais do que um problema

Aqueles que prestam atenção ao que é desagradável conseguem encontrar soluções e inovar.

10. Ensinar é um privilégio

Quando ensina os outros você está trocando. E quem troca está aprendendo, ampliando o olhar e se prontificando a encontrar oportunidades.

Fique com essas lições na cabeça, elas serão muito importantes na sua trajetória de empreendedorismo, pois, além de ajudá-lo a ser mais criativo, elas também vão ser muito úteis nos momentos complicados, naquelas horas em que nada parece ter solução, em que a vontade de desistir fica mais forte. Esses momentos vão acontecer, é claro, mas tente não se deixar abalar, e, como eu disse antes, se for para errar, erre depressa e tente de novo. Há até um lado bom nessas horas de dúvida sobre si mesmo. Nos momentos de fracasso é que somos obrigados a nos reinventar, a correr atrás de novas ideias e de novos mercados. Afinal, muitos êxitos seguidos podem trazer acomodação, diminuindo os desafios e a paixão por continuar fazendo sucesso não só pelo sucesso em si, mas sim, por causa da sua criatividade e do seu poder de inovação. Então, tome cuidado com os êxitos que custam muito caro e exigem muito estresse e pressão. Eles impedem que mais vitórias criativas voltem a acontecer.

a importância dos vínculos

Quero propor um exercício para você. Pense com quais empresas, ao longo da sua vida, você estabeleceu vínculos como consumidor; mas vínculos de verdade, a ponto de torcer pelo sucesso daquela organização e se sentir parte dela de alguma maneira. Provavelmente, você vai responder que foram empresas próximas de você, como a padaria em que todo dia você ia comprar alguma coisa com a sua mãe durante sua infância ou o consultório do dentista que ajustava seu aparelho ortodôntico todo mês. É difícil existir nessa lista uma multinacional, a não ser que você tenha algum vínculo muito pessoal com a companhia – como, por exemplo, seu pai ou sua mãe ter trabalhado naquela empresa. O que eu quero dizer com isso é que as gigantes têm dificuldades de criar vínculos estruturais e emocionais com seus clientes e fornecedores. Nos Estados Unidos, por exemplo, há um movimento interessante que explica muito bem esse ponto: a ascensão das livrarias independentes, aquelas que não são ligadas a grandes redes e

> o que importa é o tamanho da sua solução

PENSE simples

que não têm muitas lojas – geralmente, a mesma marca tem uma ou duas lojas na cidade em que atua. Diferentemente do que aconteceu com gigantes dos livros, como a Borders (que decretou falência em 2011) e a Barnes & Nobles (que está mal das pernas e fechou centenas de lojas na última década), as livrarias independentes estão crescendo. Segundo a American Booksellers Association, a venda de livros nessas empresas cresceu 10% em 2015, em comparação com 2014, e o número delas aumentou 27% entre 2009 e 2015.[3] Por que isso está acontecendo? Porque essas companhias criam vínculos reais com seus clientes, eles se sentem acolhidos ali e os funcionários se sentem orgulhosos de trabalhar naquele local.

E é isso que uma start-up deve fazer também. Lembra da história de vender sonhos? É exatamente esse o ponto. As start-ups, por serem enxutas e resolverem questões que mudam a vida de clientes e parceiros, conseguem vender sonhos com mais facilidade do que as empresas gigantes. O primeiro ponto para isso é oferecer um bom produto, com boa usabilidade e com integrações B2B (*business to bussiness*), que enraíze a solução que você está oferecendo dentro das empresas que são suas clientes – assim, sua empresa sempre será ligada a uma coisa positiva, que o ajudou a ter mais tempo e a economizar dinheiro, por exemplo. Com isso, vem a criação dos vínculos emocionais, que fazem com que os clientes se sintam muito bem trabalhando com a sua start-up – aí entra, por exemplo, um atendimento personalizado, uma preocupação constante com a excelência dos produtos e com as necessidades dos clientes. Todo

---

3 Disponível em: <http://publishingperspectives.com/2016/01/independent-bookstores-thrive-in-digital-age/#.WE057n1CiaY>. Acesso em: 7 dez. 2016.

mundo gosta de se sentir querido. E se você oferece um bom produto com um bom atendimento para cada um dos clientes, sem discriminação, vai criar esses vínculos com facilidade.

> nos momentos de fracasso é que somos obrigados a nos reinventar

Desses vínculos é que nascem outras duas questões cruciais para as start-ups de sucesso e das quais já falamos ao longo do livro: o endosso e a reputação. É o famoso boca a boca do bem, quando um cliente usa seu serviço, gosta e recomenda para outras pessoas. Às vezes, dependendo do cliente que você consegue, apenas o fato de ele estar com a sua empresa já dá endosso ao seu produto e reputação para a sua marca. No caso da Samba, quando fechamos com a Band, começamos a ganhar endosso e reputação, que só aumentou depois, pois começamos a trabalhar com SBT, Globo, Kroton, Grupo Boticário, Tim... e outras 200 companhias que estão conosco há anos. Conseguir criar vínculos com clientes importantes é fundamental porque, sempre que uma start-up entra no mercado, ela precisará lidar com uma estratégia muito usada por grandes companhias com as quais a start-up concorre que se resume na sigla MID, de Medo, Incerteza e Dúvida. Como a start-up não é conhecida, as empresas consolidadas usam o MID para deixar os clientes com a pulga atrás da orelha e não contratarem os serviços da novata.

É a briga de Davi contra Golias, de novo, mas quando você mostra que tem um produto eficiente, que está disposto a trabalhar duro e a colocar todo o seu esforço pessoal para resolver o problema do cliente, cria um

PENSE simples

bom vínculo e começa a se mostrar forte na "terra de gigantes" que querem derrubar você. Não tenha medo de arriscar, de bater à porta do cliente com uma ideia inovadora e dar a cara a tapa. Na Samba, a gente emoldurou e colocou na parede aquele meu e-mail para o pessoal da Band com o primeiro contato para um trabalho de vídeos. Aquilo está ali para lembrar de como começamos pequenos e de como precisamos nos manter ousados para crescer. Não se amedronte. Você pode começar em um quarto de 10 m² e conquistar o mundo – desde que consiga resolver um problema de maneira eficiente, manter um olhar inovador, escalar seu negócio e criar vínculos verdadeiros com seus clientes ou consumidores. Comece agora. A inovação não espera.

CONECTE-SE COM OS CLIENTES

Nesse vídeo, eu conto por que criar vínculos emocionais com os clientes foi tão importante para o desenvolvimento da Samba ao longo dos anos.

Este livro foi impresso
pela gráfica Rettec em
papel lux cream 70g em
fevereiro de 2024.